世界数学之星
普林斯顿大学

王子安◎主编

汕头大学出版社

图书在版编目（CIP）数据

世界数学之都——普林斯顿大学 / 王子安主编. --汕头：汕头大学出版社，2012.4（2024.1重印）
ISBN 978-7-5658-0710-7

Ⅰ. ①世… Ⅱ. ①王… Ⅲ. ①普林斯顿大学－概况 Ⅳ. ①G649.712.8

中国版本图书馆CIP数据核字（2012）第066417号

世界数学之都——普林斯顿大学

主　　编：王子安
责任编辑：胡开祥
责任技编：黄东生
封面设计：君阅天下
出版发行：汕头大学出版社
广东省汕头市汕头大学内　邮编：515063
电　　话：0754-82904613
印　　刷：河北浩润印刷有限公司
开　　本：710mm×1000mm　1/16
印　　张：12
字　　数：80千字
版　　次：2012年4月第1版
印　　次：2024年1月第2次印刷
定　　价：55.00元

ISBN 978-7-5658-0710-7

版权所有，翻版必究
如发现印装质量问题，请与承印厂联系退换

目 录

普林斯顿文化

世界数学之都 …………………………………………… 3
一个学术圣地的诞生 …………………………………… 15
列夫谢茨领导下的数学系 ……………………………… 23
半个世纪前的男校 ……………………………………… 30

普林斯顿精英

博弈论的创始者 ………………………………………… 37
科学殿堂里的全才大师 ………………………………… 41

智者人生

攀登物理巅峰的"低能儿" ……………………………… 59
范氏大楼的"幽灵" ……………………………………… 87

科学巨匠

现实主义的代言人 …………………………………… 101
族化学的权威 ………………………………………… 110

赤子之心

拥有一颗中国心 ……………………………………… 127
人民的数学家 ………………………………………… 159
第六位获诺贝尔奖的华裔科学家 …………………… 185

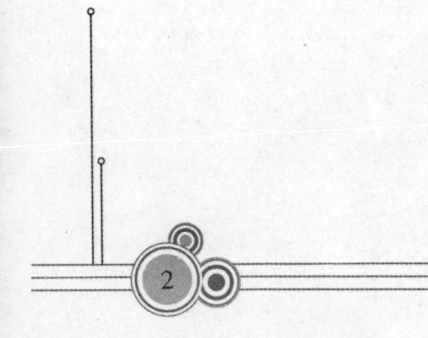

目 录

普林斯顿文化

世界数学之都 …………………………………………… 3
一个学术圣地的诞生 …………………………………… 15
列夫谢茨领导下的数学系 ……………………………… 23
半个世纪前的男校 ……………………………………… 30

普林斯顿精英

博弈论的创始者 ………………………………………… 37
科学殿堂里的全才大师 ………………………………… 41

智者人生

攀登物理巅峰的"低能儿" …………………………… 59
范氏大楼的"幽灵" …………………………………… 87

科学巨匠

现实主义的代言人 …………………………………… 101
族化学的权威 ………………………………………… 110

赤子之心

拥有一颗中国心 ……………………………………… 127
人民的数学家 ………………………………………… 159
第六位获诺贝尔奖的华裔科学家 …………………… 185

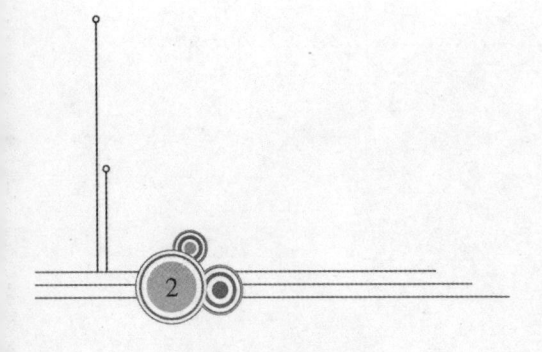

过44位美国州长，31位诺贝尔奖获得者和15位美国国家科学奖章获得者。在这里执教和从这里走出的科学家、文学家以及各个领域的大师、泰斗，数不胜数。

普林斯顿大学的校训是："普林斯顿——为国家服务，为世界服务。"它反映了普林斯顿大学的办学宗旨，充分体现了普林斯顿人强烈的社会责任感和热忱的爱国情感。

普林斯顿大学的校标是一个盾牌，在盾牌里面的上方有一本翻开的圣经，上面写着拉丁文的"旧约和新约全书"几个字；在盾牌的下面有一条绶带，绶带上是用拉丁文写的一行字："在上帝的庇护下，她繁荣昌盛。"这个校标图案于1896年经学校董事会决定通过，并一直沿用至今。

普林斯顿大学重视通识教育，要求学生修完一连串课程，包括哲学理论、历史分析、外国语言、文学艺术、社会分析、道德思想等才可毕业。普林斯顿的优点在于它治学严谨，一丝不苟。普林斯顿对于学业方面非常严格，很少变通。学生们不在普林斯顿大学上的课程，除非经过特殊许可，一般不给学分；校方也并不十分鼓励学生们离校去国外留学或是去美国别的学校进修。普林斯顿的本科教育，侧重点在于独立研究。学生们在三年级时需要在一名教授指导下写"三

普林斯顿大学校标

走进科学的殿堂

年级论文",四年级学生还要写达到一定长度的"毕业论文"。因此,每到年末,都可以看到一群睡眠不足、疲惫不堪的高年级学生们在图书馆昼夜奋战,叫苦连天,但经历过的人都说这是他们学术生涯中最有益的经验。

在普林斯顿大学,教授往往同学生接触频繁,并热心指导学生。导修是普林斯顿大学生活的主要内容,大多数普林斯顿的学生也都特别喜欢课堂以外的导修课,这些由助教或教授带领的讨论,给他们一个更大的空间去理解课堂所学的理论。导修制是由普林斯顿大学的著名校长,后来的美国总统伍德罗·威尔逊制订的。另外普林斯顿的考试制度是"诚信"制度,即考试是没有老师监考的。

普林斯顿文化

普林斯顿大学一景

无论在校园环境,抑或课程学制,普林斯顿都以师生为先。学校只希望师生全身心投入学问世界,至于钻研的东西有没有市场价值,从来不去理会。难怪20世纪最伟大的科学家爱因斯坦也舍不得离开这所大学,快乐地在那里度过人生的最后22年。

普大成功之迷

对于美国多数名牌大学而言,除了文理学院以外,法学院、医学院和商学院可称三大学院。普林斯顿大学却是一所至今没有法学院、医学院和商学院的大学。那么,普林斯顿大学是靠什么成功的呢?

卓越不是"标准模式"的结果,世界一流大学并没有统一的办学模式。普林斯顿大学管理者玛里琳·马科斯总结了学校的两条办学经验:重视本科生培养和坚持小而精的风格。

对本科教育的重视,首先体现在本科生与研究生的比例上。普林斯顿大学目前在校本科生有4600多名,研究生约1900名。与美国其他名牌大学相比,普林斯顿的研究生比例较小。这样,就能够将资源更多地用在本科生身上。

普林斯顿大学一景

普林斯顿大学明确规定,原则上所有教师都必须承担本科生教学的

走进科学的殿堂

任务。目前普林斯顿在职的教授当中，就有8位诺贝尔奖获得者，其中5位是物理学奖得主，其余3位分别为文学奖、经济学奖、医学奖得主，还有22位赢得过麦克阿瑟学者奖。他们是新生一入学就能接触到的人物。本科生接受大师级学者授课，会使他们终生受益。

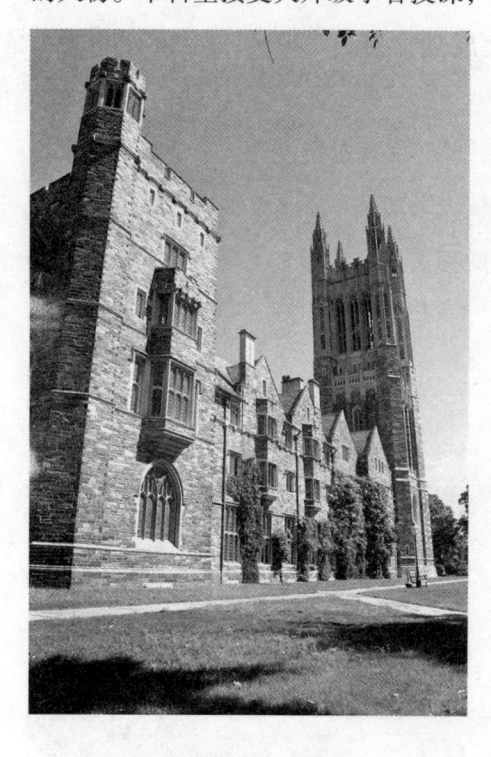

普林斯顿大学十分注重完善本科生的知识结构，使他们能够从学校各门学科教学中充分汲取营养。所有的文科类本科生必须兼修至少两门科学和工程类课程，而理工科学生也需要接受相应的文科教育。

虽然研究生比例低，但是普林斯顿大学本科生参与科研的气氛非常浓厚，一些本科生论文涉及的研究，在美国其他大学要到研究生阶段才能展开。普林斯顿大学的教授也有意识地吸收本科生参与正式科研计划，使他们有机会接触其他高校通常仅限研究生使用的尖端设备。

普林斯顿大学一景

高质量的本科教育和鼓励本科生及早参与系统研究的做法，造就了普林斯顿的本科毕业生"后劲足"的优势。

坚持传统优势并不意味着固步自封。普林斯顿大学走在科技发展的前沿。近年来，因为人类基因组草图的绘制成功，基因组研究已成为科

普斯顿文化

研领域的一个新热点。普林斯顿大学正积极筹建新的基因组学中心，由现任校长、分子生物学家蒂尔曼亲自主持。

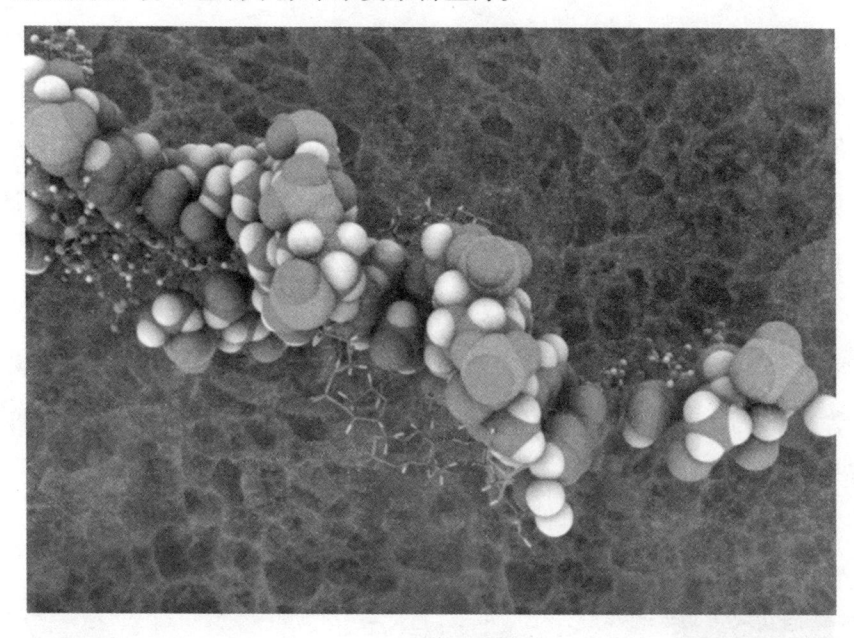

人类基因图

坚持传统，锐意进取，而不是追求规模，更不是盲目跟风，这恐怕就是普林斯顿大学在强校林立的美国立于不败之地的秘诀。

著名的"诚信"制度

1893年，普林斯顿大学著名的"诚信"制度确立。按照"诚信"制度，学生参加考试的时候，教员并不监考。考试的真实性由"诚信"制度保证。所有程序上的东西，就是考试开始的时候，学生要在答卷封面上签名保证珍惜和忠于荣誉纪录。一个由11位本科生代表组成的委员会，负责管理这项"诚信"制度的运行。

　　普林斯顿大学学费昂贵，但是学生可以得到各种资助。新生录取和得到资助是两件分开的事情。目前，大约一半学生得到直接来自学校的资助，还有大约三分之一的学生以普林斯顿大学学生的名义从校外得到各种资助。学校宣传不应该让学生因为个人或者家庭的经济条件影响专业的选择与学术的志趣。普林斯顿大学爱惜人才，只要学校看中了一个学生，他们会动员一切力量，把他或者她收为弟子。

　　有一种流行的说法："如果说麻省理工大学出众之处是地狱式的教学，那么普林斯顿刚好相反，她的成功是因为老师学生把这里视作天堂。"难怪全美大学校友选至爱母校时，普林斯顿能够压倒哈佛和耶鲁当选，独领风骚。

普林斯顿文化

麻省理工大学一景

世界数学之都——普林斯顿大学

高门槛的大学

普林斯顿大学的招生口号是"只要你是优秀的，付学费不用顾虑"。录取时不仅看分数和成绩，而且更要尽量判断每个人的能力和潜质，考虑学术和非学术兴趣的多样化，特别是技能和天分、经验、背景和追求。

学校评价优秀学生的指标有4项：头脑质量，包括智商、学习能力、创造力等；品格质量，包括责任感、价值观、判断力等；为学校作出贡献的能力；未来在本专业和社区起领导作用的潜力。

普林斯顿大学历来重视传统，讲究门第。建校以来，普林斯顿大学

哈佛大学一景

走进科学的殿堂

一直是以男性为主要培养对象,学生基本来自中上层家庭,到今没有完全摆脱偏重白人男性的传统。1945年,普林斯顿大学招收了第一个黑人本科生,这一做法比哈佛大学晚了50年。

在平等权益运动和校园多元化占尽上风的90年代,普林斯顿大学似乎还是没有摆脱它以男性为主的传统。直到1969年,学校才开始招收女生,但至今仍有许多人抱怨它的男女学生比例不平衡,普林斯顿大学的本科生俱乐部在90年代才允许女生加入。

普林斯顿大学的中国精英

普林斯顿大学为世界培养了众多的精英。我国著名的科学家华罗庚、姜伯驹、中国科学院外籍院士陈省声、李政道、杨振宁都曾担任过普林斯顿大学的高级研究院研究员。著名的历史学家余英时、经济学家

姜伯驹　　　　　　　　　　　余英时

世界数学之都——普林斯顿大学

邹至庄等在这里任教。北京大学光华管理学院院长助理周春生教授，在普林斯顿大学获得当年最优博士生荣誉。

国际上享有盛誉的数学家华罗庚于1946年应美国普林斯顿高等研究所邀请任研究员，并在普林斯顿大学执教。

杨振宁，1949—1965年在普林斯顿高级研究院工作。1955年起任教授与李政道一起获得了1957年诺贝尔物理学奖。

李政道，1926年生于上海，1946年由物理学家吴大猷选派赴美国芝加哥大学攻读博士学位，师从物理学

邹至庄

芝加哥大学一景

普林斯顿文化

走进科学的殿堂

大师费米教授。1957年与杨振宁同获诺贝尔物理学奖。当时李政道持的是中国护照，是首次登上诺贝尔奖坛的中国人。1960—1963年任普林斯顿大学物理学教授。李政道至今一直活跃在物理学前沿，在物理学领域有很多杰出成就，多次荣获各种国际级大奖。

如今，普林斯顿大学里有着许多的中国留学生，大概占该校留学生的五分之一，中国成了普林斯顿大学最大的留学生来源国。

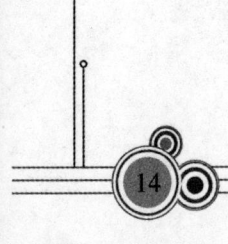

普林斯顿文化

世界数学之都——普林斯顿大学

一个学术圣地的诞生

20世纪初,美国新泽西州的班伯格家族,自从白手起家在家乡纽沃克市开设第一家小商店以来,经过多年的经营发展,已经跃升为美国东北部新英格兰地区百货零售业的巨头。老板是兄妹俩。不知是出于敏锐的商业直觉,抑或纯属鬼使神差的巧合,在1929年纽约股市全面崩

新泽西州风光

普林斯顿文化

溃之前的 6 个星期，他们将手中持有的股票全部抛出兑现，躲过了 20 世纪这场空前绝后的"股市之灾"。当时他们掌握的可支配资金达到 2500 万美元，决定在新泽西州捐资做一些善事。2500 万美元，在当时是一个非常巨大的数目。

班伯格兄妹委托两位律师去找亚伯拉罕·弗雷克斯纳。那时候弗雷克斯纳已经退休。班伯格之所以要找美国著名的教育家弗雷克斯纳，是因为他写过一份报告，讨论当时的美国医学教育，认为系统混乱，标准不高，长此下去，在 20 世纪的医学发展中美国要落在后面，这将直接危害美国人民的健康和福利。报告振聋发聩，在朝野引起强烈反响，从而美国的医学教育在 20 世纪初开始有了长足的进步。自此之后，弗雷克斯纳还被洛克菲勒基金会邀请去做一些其他事情，比如参与捐资开办北京协和医院。

律师找到弗雷克斯纳，对他说："有一个非常有钱的人想捐钱做一些事情。我们知道你对社会事业很热心，很有见解，也很有经验，想听听你的意见。"弗雷克斯纳说："巧极了，我正好写了一本小册子，你们拿去看看。"那本小册子的主题，就是指出当时美国在科学技术方面非常脆弱。那时候，美国的学子要跑到欧洲才能拿到像样的科学学位。弗雷克斯纳认为，这样下去是不行的。小册子指出，美国必须建立一些独立的专门从事科学研究的机构。

几天以后，律师打电话给弗雷克斯纳，说班伯格先生想请他吃饭。在吃午饭的时候，班伯格对弗雷克斯纳说：

"你的书写得很好，我愿意尽我的可能支持你的设想和计划。你觉得需要多少钱？"

弗雷克斯纳后来在自传中说，见面之前没有预料到自己的设想很快

普林斯顿文化

世界数学之都——普林斯顿大学

世界数学之都

坚持自身优势——基础研究，是普林斯顿大学的一大特点，不贪大求全，只求精细。二战后一度被称为世界"数学之都"的普林斯顿大学，迄今仍保持着这一名望。物理学研究也处于一流水平，这两大基础学科的优势渗透到大学的各个院系，成为普林斯顿大学的骄傲。

普林斯顿大学一景

普林斯顿大学建校于1746年，起初名为"新泽西学院"，校址在伊莉莎白，然后移至纽沃克，1756年才迁到普林斯顿。普林斯顿城位于

走进科学的殿堂

纽约和费城之间，是一座与众不同的以文化、教育为重心的小镇。1896年，学校正式改名为普林斯顿大学。它是美国常春藤盟校之一，是美国第四所历史最悠久的高等学府，是美国一所著名的私立研究型大学。普林斯顿大学坐落于苍松翠柏、古木参天的环境中，浸润着二百多年的历史风雨，被认为是美国最美的大学校园。

处在一片苍松翠柏间的普林斯顿大学

"高"（研究高深）、"老"（历史悠久）、"大"（规模庞大）、"全"（学科齐全）是世人对一流学府的印象，但是普林斯顿大学却既不"全"，也不"大"。学校包括大学生部和研究生部，只有4个学院：新泽西学院、工程和应用科学院、建筑和城市设计学院、威尔逊公共和国际事务学院，没有法学、商学、医学三大热门学院。不仅如此，普林斯顿大学还是美国"三大家"（其他两家是哈佛大学和耶鲁大学）中规模最小的，但它的学术声誉却处于美国顶尖大学的前几名位置。普林斯顿大学出过2位美国总统，他们是伍德罗·威尔逊和詹姆士·麦迪逊；出就可以实现，真的就可以去做了，更没有想过到底需要多少钱。可是当班伯格问到时，他却必须马上回答，所以就随便说了一个他认为很大的数字："500万"。500万美元，在当时的确是一个相当惊人的数字。

班伯格并没有当下立即确认。几天以后，他正式给弗雷克斯纳写了一封信，其中说："我愿意捐500万，但是有一个条件，你必须出山，当高等研究院的第一任院长。"

接信以后，弗雷克斯纳为难了好久，不能决定是否答应班伯格的要求。他一方面因为自己的设想有了实现的机会而高兴，另一方面觉得自己已经退休多年，应该表现出"成事不必在我"的胸怀和潇洒，不宜"东山再起"。就这样，他烦躁不安地踌躇了十多天。

在两个星期之后的一天，他的太太再也不忍心让他苦恼下去了，就

普林斯顿大学一景

对他说：

"你必须接受。我跟你已经共同生活了几十年，对你非常了解。假如今天你不接受这件事情，你的脾气一定会变得很坏，我就无法再跟你一起生活下去了。"

就这样，亚伯拉罕·弗雷克斯纳成了普林斯顿高等研究院的第一任院长。

作为院长，第一件事情就是筹划研究院应该研究什么东西。500万美元固然是一个很大的数目，但是要想在尖端科学的每个方面都去研究，在文史方面都去研究，还是远远不够的，所以必须作出选择，有所取舍。

至于如何选择，弗雷克斯纳定下了一条原则：先要物色卓越的人才，然后发展他们擅长的学科，而不是先决定发展什么学科，才去找人。也就是说，先去找已经做出并且还能做出杰出研究工作的人，如果他愿意来的话，就在研究院里开辟他所从事的研究领域。

至于研究专业，虽然弗雷克斯纳自己倾向于经济学，不过很快他就听取了别人的建议，选择数学这样一门更加具有基础性质的学科。事实上，那时候和现在一样，鉴别优秀的数学家，总是远比挑选出色的经济学家更加容易。

接下来就是选址的问题。班伯格家族所在的纽沃克市，是新泽西州的"大城市"，但是人们往往认为那里"只有油漆工厂和屠宰场"。弗雷克斯纳设想邀请的国际学术明星们，当然不会乐意跑到这样低俗的地方来。于是，邻近的普林斯顿自然成为首选。据说还是拓扑学家奥斯瓦尔德·维布伦告诉班伯格家族，说普林斯顿完全可以"在拓扑学意义上"被认为是他们的家乡纽沃克市的"郊区"，这才促使他们最后决定把高等研究院建在普林斯顿。

纽沃克市风光

一切准备就绪之后，弗雷克斯纳怀里揣着班伯格家族提供的资金，开始周游世界——主要是在欧洲——物色优秀学者。那个时候的欧洲，特别是德国的哥廷根，才是学者心目中的圣地。弗雷克斯纳许诺给予这些学者优厚的工资和额外津贴，并且保证他们拥有绝对的学术自由和人格独立。但是，一开始，招募工作就很不顺利。在许多欧洲人看来，当时的美国，如果不是蛮荒之地，也只是暴发户的乐园而已。

恰好在这个时候，希特勒在德国的影响和势力迅速上升，后来实行独裁统治德国。战争阴云日益临近，整个欧洲都显得忧心忡忡。纳粹德国的大学更是大肆排挤犹太人。在这样的背景之下，经过长达三年的耐心的争取，欧洲最伟大的学者爱因斯坦终于同意成为普林斯顿高等研究院的第二名成员。消息传出，学界马上认识到，"物理学的教皇已经移

走进科学的殿堂

哥廷根一景

居美国，美国很快就会成为世界自然科学中心"。1933年，奥地利维也纳的逻辑学神童库尔特·戈德尔和德国数学巨星赫尔曼·外尔随后也来

维也纳一景

到美国。外尔在接受邀请的时候提出了一个条件，要求研究院同样也要为比较年轻的学者打开大门，不要只盯着功成名就的大人物。于是，刚满30岁的冯·诺依曼因此获得聘请，成为研究院最年轻的教授。就这样，几乎是在"一夜之间"，普林斯顿成为像哥廷根一样引人注目的学术圣地。

普林斯顿高等研究院的富尔德大楼，在1939年落成。绛红色墙和蓝绿色"瓦"的富德楼，顶端是一座自身绿顶的钟楼。它是高等研究院的标志。富德楼正面，是树木环抱的大片草地，没有建筑。草地上有一些樱树，春天樱花怒放，十分秀丽。草地南沿，是大片树林，高等研究院的教授，喜欢在这个树林中散步，陶醉于泥土的气息和树叶的芬芳之中。从此，原本与普林斯顿大学的同事们一起挤在数学系所在的范氏

普林斯顿大学一景

走进科学的殿堂

大楼工作的这些研究院教授,有了自己的地方。但是,他们仍然合作开展研究,联合编辑学刊,出席彼此的讲座,互相参加研讨会,还一起享受下午茶。这种亲密的友谊并没有因为搬家而有所削弱。高等研究院和大学的交往是相得益彰的:研究院的声誉将最出色的教师和学生吸引到大学来,同时,大学里相当活跃的数学系和物理学系也引起了研究院的访问学者或研究人员的强烈兴趣,特别是因为他们有优秀的学生。

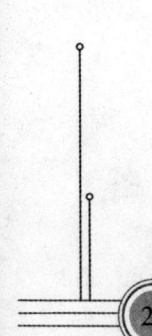

普林斯顿文化

列夫谢茨领导下的数学系

普林斯顿大学数学系和普林斯顿高等研究院数学部，在20世纪30、40十年代迅速成为美国学术界冉冉上升的明星，不仅在拓扑学、代数学和数论方面独占鳌头，计算机理论、运筹学和新生的博弈论也处于世界领先地位。现在，普林斯顿大学被公认为世界级的数学中心。

普林斯顿大学一景

走进科学的殿堂

数学系主任所罗门·列夫谢茨身材高大，举止粗暴，衣着更是毫无品位可言。刚来普林斯顿大学的时候，因为人们常常在走廊里假装看不见他，避免和他打招呼，他常常自嘲为"看不见的人"。但是他很快证明自己具有非凡的魄力，一手将普林斯顿数学系从一个"有教养的平凡之辈"培养成为令人景仰的"巨人"。

毫无疑问，列夫谢茨精力充沛，富有企业家精神。他出生在莫斯科，在法国接受教育，酷爱数学，却由于不是法国公民而不能选修数学，只好选择学习工程学，后来移民美国。23岁那年，他正在著名的电气公司西屋公司工作时，一场严重的变压器爆炸事故发生，夺去了他的双手。用了几年时间，他才得以康复。其间他深感痛苦绝望，不过这场事故最终促使他下定决心，追求自己的真

所罗门·列夫谢茨

爱——数学。他到克拉克大学攻读博士学位，克拉克大学因1912年弗洛伊德曾经举办精神分析讲座而闻名。不久，列夫谢茨和克拉克大学的一位数学系学生相爱，两人结为秦晋之好。毕业之后，他在内布拉斯加州和堪萨斯州教了将近10年的书，一直默默无名。课余时间他撰写了多篇具有原创思想的精辟论文，渐渐引起学术界的重视。终于有一天，一个来自普林斯顿大学的电话邀请改变了他的人生道路，他成为普林斯

普林斯顿文化

顿大学数学系首批犹太人教师之一。

克拉克大学一景

列夫谢茨了解数学的绝大多数领域，但是他的演讲往往没有条理。他的编辑作风专制而又有个性，却使普林斯顿一度令人厌倦的《数学年刊》一跃成为世界上最受推崇的学术刊物。曾经有人批评他将许多犹太学生拒之数学系的门外，他却辩解说这是因为担心他们毕业之后不容易找到工作。据说他从来没有在课堂上做完一个正确的证明。他的第一部全面论述拓扑学

弗洛伊德

的著作提出了"代数拓扑学"的术语，影响深远，其主要价值在于体系，而不是细节，细节方面的确有一些欠斟酌的地方。有人传说他是在"一个休息日"里完成这部著作的，他的学生们根本没有机会帮助他整理。不过，没有人可以否认他对于数学人才确实具有极佳的判断力。他独断专行，有时相当粗暴地训斥别人，但是他的目标只有一个，就是为数学系赢得世界声誉，将学生们培养成和他一样坚韧不拔的真正的数学家。

至于列夫谢茨的授课，同事们都有点儿夸大地说，正因为他从来没有在课堂上完整地做完一个正确的证明，他的学生不得不把他的漏洞补上，从而练就了本事。如果教授在课堂上讲的都已经十分正确、十分完备，而学生能够把教授所讲的背得滚瓜烂熟，那不叫本事。懂得高等教育的人都知道，如果每一步都要讲解得十分完备，你根本不可能在大学的研究生院讲授一门像样的课程。

普林斯顿大学室内一景

作为数学系主任，列夫谢茨招聘数学教授只有一个条件：这就是看他的原创性的研究。他注重独立思考和原创精神高于一切，蔑视那些优美或刻板的证明。列夫谢茨关于研究生数学教育的思想则是以德国和法国名校的传统为基础的，很快就成为普林斯顿的指导纲领，其核心是尽快使学生投入到他们自己的研究工作中去。由于普林斯顿数学系本身就积极从事研究工作，同时有能力对学生进行指导，使列夫谢茨的想法能够付诸于实施。博学固然是一项值得尊敬的才能，但这并不是列夫谢茨的目标，他更强调学生应该有能力提出自己独特的看法，作出重要的原创性的发现。

在列夫谢茨领导下，普林斯顿数学系一向给予学生最大的压力和最小的管制。在1948年秋天，数学系主任所罗门·列夫谢茨教授在西休息室召集所有一年级研究生谈话。他用浓重的法国口音给他们讲述生活的道理，讲了整整一个小时。他的目光锐利，情绪激动，声音洪亮，还不断用木头假手敲桌子。他说他们是最优秀的学生，每一位都是普林斯顿大学经过精心挑选才来到这里的，但这里是普林斯顿，是真正的数学家从事真正的数学研究的地方，和这里已经成名的数学家相比，研究生新生只不过是一群无知可怜的娃娃而已，普林斯顿就是要把他们培养成人。他说他们可以自己决定要不要上课，他不会因为缺课而骂他们，分数其实没有任何意义，只是用来满足那些"讨厌的教务长"的"把戏"。他对大家的唯一要求就是每天参加下午茶的聚会，在那里他们能够见到世界上最了不起的数学家。而且，如果他们愿意，他允许他们参观高等研究院，看看他们能不能幸运地见到爱因斯坦或者冯·诺依曼。对于年轻的研究生们，列夫谢茨的这番话无异于美国作曲家苏萨的鼓舞人心的乐曲。

走进科学的殿堂

爱因斯坦

的确，像列夫谢茨就说过那样，数学系设立了自己的一整套课程，并不要求学生非来上课不可，不过考勤和分数一样，几乎只是样子。到了在学生的成绩报告上打分的时候，一些教授会给所有学生判C，另一些教授则会都给A，装装样子而已。一些学生根本不需要上一节课就可以得到分数。的确，所谓成绩单只是用来讨好那些墨守成规、被称为"俗人"的"教务长之辈"。比如数学系传统的口试，可能只是要求学生翻译一段法语或德语数学论文。由于选定的论文充满数学符号，文字极少，即便没有多少外语知识的学生也能看出个大概头绪。如果有人实在搞不清楚，只要许诺回去好好研读这份论文，老师们也可能给他判合格。真正要计算成绩的是"总考"，包括5个题目，其中3个由数学系选择，另外2个由考生自行拟定，在第一年的年终或第二年进行。不过，即便是这次考试也可能依据每个学生的具体优缺点而进行设计。举例而言，如果某个学生对一篇论文掌握得很好，而且他总共就知道这一篇论文，那么考官确实有可能大发善心，出题时自觉把内容限制在这篇论文里，好让这个学生顺利通过考试。

学生动笔写毕业论文之前，最重要的事情是要找到一个高资历的教授支持自己选择的题目。在普林斯顿大学，整个数学系的教师对每一位

世界数学之都——普林斯顿大学

学生都相当了解，如果他们认为某个学生实在没有能力完成自己的题目，列夫谢茨就会毫不犹豫地更换导师或干脆叫他离开。因此，通过了总考的学生通常在两三年里就能取得博士学位，而当时在哈佛则需要六七年，甚至更长的时间。

哈佛大学一景

列夫谢茨为普林斯顿数学系创造的最经典的传统是：把研究生"扔到河里"，游过去的，就成为博士。普林斯顿总是有最好的教授、最好的访问学者，他们为学生授业解惑，可以说是有问必答，但是决不关心考试。如果你自己不思进取，没有人会逼迫你。普林斯顿总是开最先进的课，每周好几次请世界一流的数学家讲演自己的最新发现。它提供最好的环境，是不是能够很好地利用这个环境，那是研究生自己的事情。

普林斯顿文化

走进科学的殿堂

半个世纪前的男校

普林斯顿文化

历史上，普林斯顿大学是一所男子学校。这种情况，一直到1969年才开始改变。保守的普林斯顿大学，直到这一年才招收第一个女生。

1948年劳动节（美国的劳动节在秋天）那天，纳什到普林斯顿大学读数学系的博士。纳什乘火车来到新泽西州的普林斯顿，那时他只有20岁。当时普林斯顿可谓人杰地灵，大师如云：爱因斯坦、冯·诺依曼、列夫谢茨（数学系主任）、阿尔伯特·塔克、阿伦佐·切奇、哈罗德·库恩、诺尔曼·斯蒂恩罗德、埃尔夫·福克斯……全都在这里。

普林斯顿大学一景

世界数学之都——普林斯顿大学

来到普林斯顿，出现在纳什眼前的，是一个优美的完全是独立战争前夕风格的"村庄"：平缓的林地环绕，溪流静静流淌，还有一片一片玉米地。哥特式的教学楼散落在富有贵族气派的高大树木之间，加上石砌的教堂和高雅别致的老房子，整个校园看上去就像是纽约和费城这样的大城市的富有而经过精心修整的远郊。

小镇上最引人注目的恐怕要数纳莎大街，开了不少商店，可是仍然显得有些懒洋洋的。尽管战后重新铺设过路面，那里的人们仍然喜欢步行或骑自行车，其他交通工具并不太多。美国著名作家斯考特·菲茨杰拉德曾在他的一部小说里将普林斯顿称为"世界上最令人愉悦的乡村俱乐部"，而爱因斯坦则在20世纪30年代说它是优雅而拘谨的小村庄。

纳莎大街上的纳莎堂，古色古香。独立战争以后不久的1783年，纳莎堂曾经是美国国

冯·诺依曼

费城风光

普林斯顿文化

走进科学的殿堂

普林斯顿文化

纽约风光

杜鲁门

会的所在地，后来毁于一场大火。依样重建以后，它就是普林斯顿大学前身新泽西学院的全部家当。纳莎堂现在依然古色古香，是普林斯顿大学的办公大楼。

入校后，纳什与其他大约600名研究生一起住在大学的研究生院，同吃同住。晚餐通常是最热闹的时间，辩论话题涉及政治、音乐和女孩子。不过，尽管数学专业和其他专业的学生们是近邻，他们却似乎一致同意遵循某种不成文的规范，总是围坐在一张桌子里，不和别人混坐，而哈罗德·库恩、莱昂·汉金和戴维·盖尔则喜欢在晚餐前先聚会到库恩的房间里喝一杯雪利。

当时正值杜鲁门与杜威争夺美国总统宝座，研究生们对两位候选人的支持率势均力敌，不像本科生，居然有98%站在杜威一边。

在那个时候，学校里根本没有女同学。不仅如此，学校甚至规定不许女子进入学校餐厅，只有星期六的午餐是例外。这样一来，这些男学生谈恋爱的机会真是微乎其微，因为和位于康桥市区的哈佛大学不一样，普林斯顿是远离闹市的世外桃源。一名调皮的学生曾一本正经地告诉教务长的妻子，说他们都是同性恋者，结果把对方吓了一大跳，而这一说法也迅速成为学生们的口头禅。少数几个富于冒险精神的男生也许会跑到邻近中学参加舞会，但是大部分学生甚至没有勇气这么做。学校

普林斯顿大学一景

走进科学的殿堂

规定午夜之后不得在宿舍招待女子，仅有几个有女朋友的幸运儿故意歪曲这个规定，把"不得在宿舍招待女子"理解为女子可以留在宿舍，只是不能招待她们。

现在，普林斯顿是男女合校了，学生的性别比率也变得非常接近。

普林斯顿精英

世界数学之都——普林斯顿大学

博弈论的创始者

　　博弈论：又称对策论、竞赛论，用于分析竞争的形势。在存在利益冲突的竞争及斗争中，竞争的结果不仅依赖于某个参与者的抉择、决策和机会，而且也依赖于竞争对手或其他参与者的抉择。由于竞争结果依赖于所有局中人的抉择，每个局中人都企图预测其他人的可能抉择，以确定自己的最佳对策。博弈论是有数学方法来分析斗争形式的学科，也叫冲突分析。一般认为，博弈论始于 1944 年。数学家约翰·冯·诺依曼和经济学家奥斯卡·摩根斯坦合作出版了《博弈论与经济行为》一书，概括了经济主体的典型行为特征，提出了策略型与广义型（扩展型）等基本的博弈模型、解的概念和分析方法，奠定了博弈论大厦的基石，也标志着经济博弈论的创立。

　　1902 年，奥斯卡·摩根斯坦出生于德国，在奥地利的维

拿破仑一世

走进科学的殿堂

也纳长大并接受良好教育。他带着一副拿破仑一世的傲慢神气,甚至有人传说他是德国皇帝的私生子。1938年,希特勒出兵奥地利的时候,他正巧在普林斯顿大学访问,决定就此留下来,成为经济学系的教授,可是这里的同事多半不喜欢他。他想转到普林斯顿高等研究院,因为爱因斯坦、冯·诺依曼等大学者都在那里,但是却没有成功。摩根斯坦喜欢穿着笔挺漂亮的制服,在普林斯顿大学的校园骑马,还娶了一个比他年轻许多的美丽的银行出纳员多萝西为妻。

一直以来,他强烈盼望可以做点真正具有科学精神的工作。他以博弈论是一切经济学理论的正确基础为理由,说服冯·诺依曼与他合作出一本书。摩根斯坦由于自己原来的专业是哲学,而非数学,没有办法承担解释博弈论的工作,结果这部巨著《博弈论与经济行为》,绝大部分出自冯·诺依曼之手。但是需要指出,如果没有摩根斯坦写出具有煽动性的前言,和对全部内容的巧妙组织,这部著作未必可以迅速引起数学家和经济学家的热情关注。

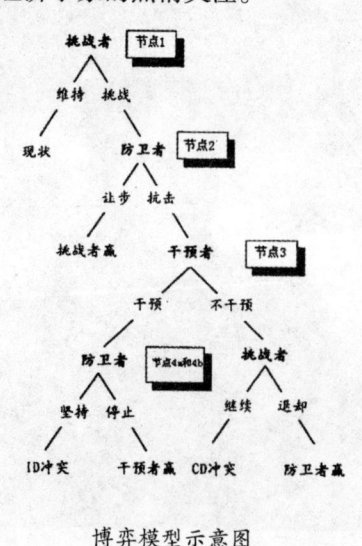

博弈模型示意图

这部著作的主要观点是,两位作者认为当时的经济学是一个毫无希望的非科学的专业,其领袖人物忙于兜售解决当前问题(比如稳定就业)的方案,但是这些方案没有任何科学基础,结果多半会遭到失败。他们认为,根本原因是这些人不能用模型和公式清晰地表述经济问题,陈述时使用的术语相

普林斯顿精英

当含糊。他们认为经济学家不应假装自己有经验解决迫在眉睫的社会问题，而要致力于逐步建立一套理论。博弈论就是建立一套经济行为理论的合适工具，经济行为的典型问题可以与相应的博弈策略的数学解释完全一致。

1944年，战争要求人们寻求合适的方法，系统解决广阔领域的各种问题，经济学尤其受到重视。与此同时，冯·诺依曼的声誉也达到顶峰。这部著作的推出，很快便引起了公众的广泛关注，甚至成为《纽约时报》这样的大报的头版报道的主角，这是除爱因斯坦的相对论著作以外第一部享受如此礼遇的专著。此后两三年中，世界一流的数学家和经济学家为它写过十多篇书评。

普林斯顿大学一景

普林斯顿大学的学生们简直把《博弈论与经济行为》奉为《圣经》，不过也有一些学生很快就发现，尽管这部著作在数学上具有创新意义，但是却没有任何超出冯·诺依曼早期令人惊讶的"最小最大定理"的新的基本理论。他们认为，冯·诺依曼既没能运用博弈论解决一个主要而突出的经济学问题，也没有在这个理论本身继续取得任何重要的进展。博弈论在经济学上的运用充其量只是重新表述经济学家早已把握的一些问题，更重要的是，书中虽用了三分之一的篇幅阐述博弈论，却只考察了两人参与、得失总和为零的所谓"零和二人博弈"模式。零和二人博弈属于完全的利益冲突，在社会科学中没有多少应用。至于同样占了不少篇幅的超过两人参与的情况，其阐述尚未完备。最后几十页的内容用于考察得失总和非零的模式，但是冯·诺依曼通过引入一个编造的参与者，让他消耗剩余或弥补赤字，从而使整个模式转化为总和为零。正如一位评论家所说，这真是太糟了，因为最有可能在实践当中找到用武之地的，恰恰就是总和非零的"非零和博弈"模式。

博弈论

科学殿堂里的全才大师

约翰·冯·诺依曼（1903.12.28—1957.2.8）是本世纪最伟大的科学家之一。他1903年出生于匈牙利首都布达佩斯。

虽然电脑界普遍认为冯·诺依曼是"电子计算机之父"，可是，数学界却同样坚持认为冯·诺依曼是本世纪最伟大的数学家之一，他在遍历理论、拓扑群理论等方面做出了开创性的工作，算子代数甚至被命名为"冯·诺依曼代数"。物理学家说，冯·诺依曼在20世纪30年代撰写的《量子力学的数学基础》已经被证明对原子物理学的发展有极其重要的价值；而经济学家则反复强调，冯·诺依曼建立的经济增长横型体系，特别是20世纪40年代出版的著作《博弈论和经济行为》，使他在经济学和决策科学领域竖起了一块丰碑。

冯·诺依曼

1957年2月8日，冯·诺依曼身患骨癌，在美国德里医院与世长辞，只生活了54个春秋。他一生获得了数不清的奖项，包括两次获得美国总统奖，1994年还被迫授予美国国家基础科学奖。他是电脑发展史上最有影响的一代伟人。

数学天才的成长

诺依曼诞生时的匈牙利还是奥匈帝国的一部分。当时，奥地利皇帝弗朗茨·约瑟夫兼任匈牙利国王。与以前相比，匈牙利的社会和经济地位有所提高，民族文化也有发展。后来，匈牙利政界的主流日趋保守，在第一次世界大战中，它参加了德奥同盟。大战后期，1918年爆发了布达佩斯革命，匈牙利同奥地利分离，实现了共和制。社会主义者卡洛

匈牙利风光

伊建立临时政府，但是在处理停战问题上失败了。继之，共产党人昆·贝拉掌握政权，由于罗马尼亚军队的进攻，数月之后便倒台了。从此以后匈牙利又复辟帝制，成为王国。

根据 1920 年的特里亚农条约，匈牙利丧失了原有领土的 72%，许多匈牙利人也变成其他国家的少数民族。同时匈牙利又发生了严重的经济危机，布达佩斯沦为一个小国的城市。诺依曼就是在国家处于这种状况下成长起来的。

约翰·冯·诺依曼，美籍匈牙利人，1903 年 12 月 28 日生于匈牙利的布达佩斯。诺依曼的家族是匈牙利籍的犹太人。正如他的姓名所表明的，由于祖辈在事业上的功绩，他的家曾获得贵族称号。他的父亲马科斯·冯·诺依曼原是一位银行家。约翰·冯·诺依曼有弟兄三人，他排行老大，是在一个非常优裕的家庭环境中长大成人的。

诺依曼的爱称叫约尼，他在家里受教育。在各种场合，他都显示出他才华出众，记忆力超群。特别是对于科学，他更表现出极大的兴趣。据说他 6 岁时就能用古希腊语同父亲闲谈，一生掌握了七种语言，最擅德语，可在他用德语思考种种设想时，又能以阅读的速度译成英语。他对读过的书籍和论文，能很快一句不差地将内容复述出来，而且若干年之后，仍可如此。

无论史学家怎样评价，美籍匈牙利裔学者约翰·冯·诺依曼都不愧为杰出的全才科学大师。人们至今还在津津乐道，这位天才人物的少年时代，竟请不到一位家庭教师……

事情发生在匈牙利首都布达佩斯。一位犹太银行家在报纸上刊登启事，要为他 11 岁的孩子招聘家庭教师，聘金超过常规 10 倍。布达佩斯人才济济，可一个多月过去，居然没有一人前往应聘。因为这个城市里，

谁都听说过，银行家的长子冯·诺依曼聪慧过人，3岁就能背诵父亲帐本上的所有数字，6岁能够心算8位数除8位数的复杂算术题，8岁学会了微积分，其非凡的学习能力，使那些曾经教过他的教师惊诧不已。

第一次世界大战开始那年（1914年），父亲无可奈何，只好把冯·诺依曼送进一所正规学校就读。原来一直在家里受教育的诺依曼才11岁就进入布达佩斯的高级中学。

入学后，他的天才得到了进一步的发挥，十二岁就掌握了著名数学家博勒尔的函数论。他的老师拉斯洛·拉茨对诺依曼的非凡天资非常惊异，觉得普通的学校教育难以充分发挥他的天才。于是，便同诺依曼的父亲商量，让他在数学方面给儿子请一位家庭教师。诺依曼的父亲向布达佩斯大学的数学家库尔施克教授求援。这位教授推荐大学的助教费克特当诺依曼的家庭教师，教他数学。

银行家一听大喜过望，于是冯·诺依曼一面在学校跟班读书，一面由布达佩斯大学教授为他"开小灶"。在费克特的教育下，诺依曼的数学才能得到进一步发展。1921年，他在高中毕业考试时，就已被公众认为他将成为第一流数学家。然而，这种状况也没能维持几年，这位勤奋好学的中学生很快又超过了大学教授，他居然把学习的触角伸进了当时最新数学分支——集合论和泛函分析，同时还阅读了大量历史和文学方面的书籍，并且学会了七种外语。毕业前夕，冯·诺依曼与数学教授联名发表了他第一篇数学论文，那一年，他还不到17岁。

1921年，诺依曼进入布达佩斯大学，专攻数学。大学里的数学课程，对他来说已没有学习的必要。考大学前夕，匈牙利政局出现动荡，大学的四年时间，冯·诺依曼一直浪迹欧洲各地，在柏林和瑞士一些著名的大学听课。回布达佩斯也仅仅是为了应付期末考试。他在瑞士联邦工业大学获得化学硕士的学位,与此同时又从布达佩斯大学获得数学博士的称号。

化学和数学,是分属科学部门两端的学科。仅以他能够同时掌握不同领域的两门科学,就足以证明他的超人的智力。而更突出的是他在苏黎世学习化学期间,还用大部分课余时间钻研数学专业和撰写论文。

在当时的苏黎世,有魏尔和波利亚等杰出的数学家,诺依曼同这些数学家交往,吸收他们的知识以丰富自己。诺依曼自己也说,他在学术上尤其受到40岁左右、年富力强的魏尔的影响。还是作学生的时候,诺依曼就在魏尔短期出差期间为他代课。

除学术以外,在其他方面诺依曼也深受魏尔的影响。两人的关系与其说是师生,不如说更像朋友。后来,他们俩人先后去美国,都在普林斯顿大学,结成了莫逆之交。

诺依曼在获得学位的第二年(1927年)担任柏林大学的无薪讲师。在这一年,他还同希尔贝特、诺伊德海姆共同撰写了关于量子力学的论文。1932年,他在论文的基础上出版了《量子力学的数学基础》一书。1926年他在格廷根的学会上作了《关于社会竞争的理论》的学术报告,1928年写成了论文。后来他又进一步发展了这一理论,最后撰写成《竞争的理论与经济活动》名著。也是在这个时期,他还就代数基础论和集合论发表了许多篇论文。由于这些学术成就,风华正茂的冯·诺依曼,靠着顽强的学习毅力,在科学殿堂里"横扫千军如卷席",成为横跨"数、理、化"各门学科的超级全才,他成为世界闻名的学者。

"机遇只偏爱有准备的头脑"。1928年,美国数学泰斗、普林斯顿高级研究院维伯伦教授广罗天下之英才,一封烫金的大红聘书,寄给了柏林大学这位无薪讲师,请他去美国讲授"量子力学理论课"。冯·诺

走进科学的殿堂

柏林大学一景

依曼预料到未来科学的发展中心即将西移,欣然同意赴美国任教。

1930年,他又成了美国普林斯顿大学的客座教授。

普林斯顿大学一景

普林斯顿精英

1933年，美国在新泽西州建立了普林斯顿高级研究所。他又与爱因斯坦一起，被聘为普林斯顿高等研究院第一批终身教授，当时他才30岁，是6名大师中最年轻的教授。诺依曼后来正式移居美国，于1937年取得了美国公民权。

在冯·诺依曼的一些同事眼里，他简直就不像是我们这个地球上的人。他们评价说："你看，约尼的确不是凡人，但在同人们长期共同生活之后，他也学会了怎样出色地去模仿世人。"冯·诺依曼的思维极快，几乎在别人才说出头几句话时，就立即了解到对方最后的观点。天才出自于勤奋，他差不多每天都工作到黎明才入睡，也常常因刻苦钻研而神魂颠倒，闹出些小笑话来。

据说有一天，冯·诺依曼心神不定地被同事拉上了牌桌。一边打牌，一边还在想他的课题，狼狈不堪地"输掉"了10元钱。这位同事也是数学家，突然心生一计，想要捉弄一下他的朋友，于是用赢得的5元钱，购买了一本冯·诺依曼撰写的《博弈论和经济行为》，并把剩下的5元贴在书的封面，以表明他"战胜"了"赌博经济理论家"，着实使冯·诺依曼"好没面子"。

另一则笑话发生在ENIAC计算机研制时期。有几个数学家聚在一起切磋数学难题，百思不得某题之解。有个人决定带着台式计算器回家继续演算。次日清晨，他眼圈黑黑，面带倦容走进办公室，颇为得意地对大家炫耀说："我从昨天晚上一直算到今晨4点半，总算找到那难题的5种特殊解答。它们一个比一个更难咧！"说话间，冯·诺依曼推门进来，"什么题更难？"虽只听到后面半句话，但"更难"二字使他马上来了劲。有人把题目讲给他听，教授顿时把自己该办的事抛在脑后，兴致勃勃地提议道："让我们一起算算这5种特殊的解答吧。"

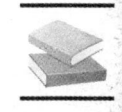

大家都想见识一下教授的"神算"本领。只见冯·诺依曼眼望天花板，不言不语，迅速进到"入定"状态。约莫过了5分来钟，就说出了前4种问题的答案，接着又在沉思着第5种……

青年数学家再也忍不住了，情不自禁脱口讲出答案。冯·诺依曼吃了一惊，但没有接话茬。又过了1分钟，他才说道："你算得对！"

那位数学家怀着崇敬的心情离去，他不无揶揄地想："还造什么计算机哟，教授的头脑不就是一台'超高速计算机'吗？"然而，冯·诺依曼却呆在原地，陷入苦苦的思索，许久都不能自拔。有人轻声向他询问缘由，教授不安地回答说："我在想，他究竟用的是什么方法，这么快就算出了答案。"听到此言，大家不禁哈哈大笑："他用台式计算器算了整整一个夜晚！"冯·诺依曼一愣，也跟着开怀大笑起来。

电子计算机之父

虽然"电子计算机之父"的桂冠，被戴在数学家冯·诺依曼头上，但是他不是ENIAC的实际研究者，只是因为冯·诺依曼提出了现代电脑的体系结构。

1944年夏，戈德斯坦在阿贝丁车站等候去费城的火车，偶然邂逅闻名世界的大数学家冯·诺依曼教授。戈德斯坦抓住机会向数学大师讨教，冯·诺依曼和蔼可亲，耐心地回答戈德斯坦的提问。听着听着，他敏锐地从这些数学问题里，察觉到不寻常事情。他反过来向戈德斯坦发问，直问得年轻人"好像又经历了一次博士论文答辩"。最后，戈德斯坦毫不隐瞒地告诉他莫尔学院的电子计算机项目。冯·诺依曼真的被震惊了，随即又感到极其兴奋。

世界数学之都——普林斯顿大学

费城风光

冯·诺依曼

普林斯顿精英

从1940年起，冯·诺依曼就是阿贝丁试炮场的顾问，计算问题也曾使数学大师焦虑万分。他向戈德斯坦表示，希望亲自到莫尔学院看看那台正在研制之中的机器。

骄阳似火的8月,冯·诺依曼风尘仆仆地赶到了莫尔学院的试验基地,马不停蹄约见攻关小组成员。莫契利想起了埃克特的话,竖着耳朵聆听数学大师的第一个问题。当他听到冯·诺依曼首先问及的是机器的逻辑结构时,不由得对埃克特心照不宣地一笑,两人同时都被这位大科学家的睿智所折服!从此,冯·诺依曼成为莫尔学院电子计算机攻关小组的实际顾问,与小组成员频繁地交换意见。年轻人机敏地提出各种设想,冯·诺依曼则运用他渊博的学识把讨论引向深入,逐步形成电子计算机的系统设计思想。

从此,冯·诺依曼成为了莫尔小组的实际顾问,与小组成员频繁地交换意见。年轻人机敏地提出各种设想,冯·诺依曼则运用他渊博的学识,把讨论引向深入,并逐步形成电子计算机的系统设计思想。在ENIAC尚未投入运行前,冯·诺依曼就看出这台机器致命的缺陷,主要弊端是程序与计算两分离。程序指令存放在机器的外部电路里,需要计算某个题目,必须首先用人工接通数百条线路,需要几十人干好几天之后,才可进行几分钟运算。

冯·诺依曼决定起草一份新的设计报告,对电子计算机进行脱胎换骨的改造。他把新机器的方案命名为"离散变量自动电子计算机",英文缩写是"EDVAC"。

冯·诺依曼以其厚实的科技功底、极强的综合能力与青年们结合,极大提高了莫尔小组的整体水平,使莫尔小组成为"人才放大器",至今依然是科学界敬慕的科研组织典范。

1945年6月,冯·诺依曼与戈德斯坦、勃克斯等人,联名发表了一篇长达101页纸的报告,即计算机史上著名的"101页报告",直到今天，仍然被认为是现代电脑科学发展里程碑式的文献。报告明确规定出计算机的五大部件，并用二进制替代十进制运算。EDVAC方案的革命意义在于"存储程序"，以便电脑自动依次执行指令。人们后来把这

普林斯顿大学一景

种"存储程序"体系结构的机器统称为"诺依曼机"。由于种种原因，莫尔小组发生令人痛惜的分裂，EDVAC机器无法被立即研制。1946年，42岁的诺依曼就任普林斯顿高级研究所的计算机研究所所长。同年6月，冯·诺依曼和戈德斯坦、勃克斯在普林斯顿大学高级研究院，先期完成了另一台ISA电子计算机（ISA是高级研究院的英文缩写），普林斯顿大学也成为电子计算机的研究中心。

直到1951年，在极端保密情况下，冯·诺依曼主持的EDVAC计算机才宣告完成，它不仅可应用于科学计算，而且可用于信息检索等领

走进科学的殿堂

域，主要缘于"存储程序"的威力。EDVAC 只用了 3563 只电子管和 1 万只晶体二极管，以 1024 个 44 比特水银延迟线来储存程序和数据，消耗电力和占地面积只有 EDVAC 的 1/3。

在普林斯顿，冯·诺依曼还利用计算机去解决各个科学领域中的问题。他提出了一项用计算机预报天气的研究计划，构成了今天系统的气象数值预报的基础；他受聘担任 IBM 公司的科学顾问，帮助该公司催生出第一台存储程序的电脑 IBM 701；他对电脑与人脑的相似性怀着浓厚的兴趣，准备从计算机的角度研究人类的思维；他虽然没有参加达特默斯首次人工智能会议，但他开创了人工智能研究领域的数学学派；他甚至是提出计算机程序可以复制的第一人，在半个世纪前就预言了电脑病毒的出现……

普林斯顿一景

自冯·诺依曼设计的 EDVAC 计算机始，直到今天我们用"奔腾"芯片制作的多媒体计算机为止，电脑一代又一代的"传人"，大大小小千千万万台计算机，都没能够跳出"诺依曼机"的掌心。冯·诺依曼为现代计算机的发展指明了方向，从这个意义上讲，他是当之无愧的

普林斯顿精英

52

世界数学之都——普林斯顿大学

"电子计算机之父"。当然，随着人工智能和神经网络计算机的发展，"诺依曼机"一统天下的格局已经被打破，但冯·诺依曼对于发展电脑做出的巨大功绩，永远也不会因此而泯灭其光辉！

剑桥大学一景

宾夕法尼亚大学

最早问世的内储程序式计算机既不是 ISA，也不是 EDVAC，英国剑桥大学威尔克斯教授，抢在冯·诺依曼之前捷足先登。威尔克斯于 1946 年曾到宾夕法尼亚大学参加冯·诺依曼主持的培训班，完全接受了冯·诺依曼内储程序的设计思想。回国后，他立即抓紧时间，主持新型电脑的研制，并于 1949 年 5 月，制成了一台由 3000 只电子管为主要元件的计算机，命名为"EDSAC"（电子储存程序计算机）。威尔克斯后来还摘取了 1967 年度计算机世界最高奖——"图林奖"。

遭遇不治之症

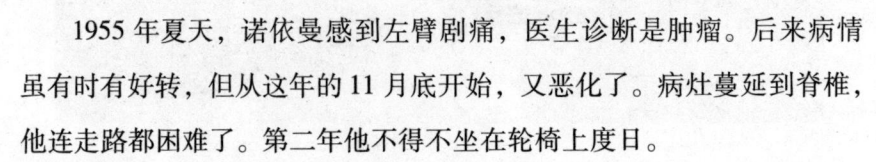

1955 年夏天，诺依曼感到左臂剧痛，医生诊断是肿瘤。后来病情虽有时有好转，但从这年的 11 月底开始，又恶化了。病灶蔓延到脊椎，他连走路都困难了。第二年他不得不坐在轮椅上度日。

尽管遭到病魔的袭击，诺依曼仍然顽强地、精力充沛地进行各种活动。白天，他上班、工作、旅行；晚间，他彻夜不眠地写科学论文和干其他的事情。例如 1955 年年初，他接受耶鲁大学的邀请，开始编写希利曼讲座的讲稿，那更是拼命地工作。希利曼讲座是美国最古老、最著名的大学讲座之一。在两个星期的讲座结束后，讲稿还要很快出单行本。因此，能够担任这个讲座的讲师，自然是非常荣幸的。诺依曼由于职位的关系，决定讲一周，题目为《电子计算机和头脑》，并定于 1956 年春天开讲。

电子计算机和头脑及自动化是他晚年埋头研究的领域，也是他刚刚开拓的全新的科学技术领域。

可惜的是，由于病情日益恶化，他不得不接连取消讲演和旅行计

耶鲁大学

划。1956年4月,他住进陆军沃尔特·里德医院,从此便卧床不起。1957年2月8日,诺依曼在他最心爱的夫人守护下闭上眼睛永眠了。享年仅53岁零一个月。

希利曼讲座最终未能实现,自动化理论也未能完成。为讲座而编写的未完讲稿成为遗作。为纪念诺依曼,耶鲁大学出版局以《电子计算机和头脑》为题,作为希利曼讲座的一卷出版了他的遗稿。有关自动化理论的手稿由他的朋友帕克斯在1966年以《自我增殖与自动化理论》为题出版。

井关清志在《数学讨论会》杂志上就诺依曼一生在数学上取得的业绩写道:

走进科学的殿堂

"诺依曼在数学上的功绩太丰富了,以至无法一一列举。他是20世纪前期伟大的数学家之一。从论文来看,诺依曼有这样一种精神:强行构成理论,向着既定目标勇往直前,不达目的,决不罢休,有许多问题是被后来的数学家从理论上再把它提高完善的。"

要开拓新世界,就难免有不完善的地方,有时甚至需要不顾一切地向前进。诺依曼的性格就使人感到这种先驱者的开拓精神。

普林斯顿精英

智 者 人 生

营古人小

攀登物理巅峰的"低能儿"

阿尔伯特·爱因斯坦（1879.3.15—1955.4.18），理论物理学家，相对论的创立者，现代物理学的开创者、集大成者和奠基人，世界十大杰出物理学家之一。

"低能儿"的成功路

1879年3月15日，阿尔伯特·爱因斯坦诞生在德国乌尔姆的一个犹太家庭中。婴儿的后脑非常大而且有棱角，这让母亲有点儿受惊。祖母一看到这位家庭的最新成员就连连惊叹："太重了！太重了！"由于他是第一个孩子，父母赫尔曼·爱因斯坦和波林·科克又激动又高兴。尽管小爱因斯坦直到3岁还不太会讲话，为此，父母心里很着急："难道他是个傻子，是低能儿？不，不可能。他那双棕色的大眼睛多么明亮。他那可爱的小脑袋一歪一

晃的，多天真呀！可是，他为什么不会说话呢？"不过他们仍然深深爱着他。父亲为他请来了医生，让他吃药。其实，孩子根本没有病。

有一天，爱因斯坦真的病了。父亲就拿来一个小罗盘给他玩。他很喜欢这个小玩意儿，细细地端详了很久，反复地摆弄着。他发现：无论怎么摆动，罗盘玻璃罩下的那根细细的红色磁针总是指向北边。噫，这是怎么回事呢？他很惊讶："是什么东西使它总是指向北边的呢？"那根指针在他幼小的心灵中留下了很深的印象，引起了他探索事物根底的好奇心。碰到下雨，他会提出许多个"为什么"；看见月出，他也会提出许多个"为什么"。总之，各式各样的自然现象都能引起他的好奇和思索。他不愿意和其他孩子在一起嬉笑玩耍，总喜欢一个人玩，并且老是陷在沉思之中，显出一副如痴如呆的样子。

为了给这孤僻的孩子增添点生活乐趣，6岁那年，母亲开始教他拉小提琴。谁知，爱因斯坦对拉小提琴却很入迷。一拉起来，两眼闪着亮光，手激动得打颤，音乐使他兴奋异常。

上小学以后，他对学校的宗教和军国主义教育很厌烦，也不愿背死书，功课学得不好，常常受处罚。有时，同学们放学回家了，他却要在走廊上被罚站两小时才能回家。为此，同学们歧视他，老师们也骂他是个"笨头笨脑的孩子"。可是，爱因斯坦并不因此生气。有时，受完处罚，回到家里，偎在母亲的怀抱里听完母亲的责备后，就又去玩积木或者拉他心爱的小提琴去了。

10岁的时候，爱因斯坦进了中学。在中学里，除了数学外，其他课程都不能引起他的兴趣。于是，他就自己阅读数学方面的书籍。一天，一位大学生送给他一本几何教科书。他手捧这本"神圣的几何小书"，读得心醉神迷。接着，他又读了《自然科学通俗读本》和《力和物质》等书。通过读书，他爱上了科学；通过读书，他在思想上跨过了几个世纪，同阿基米德、牛顿、斯宾诺莎、笛卡儿等人结成了朋友。在

阿基米德铜像 　　　　　　斯宾诺莎

笛卡尔 　　　　　　牛顿

走进科学的殿堂

15岁以前,他就已经熟悉了这些数学家和哲学家的著作。他把自然界看作是"一个伟大而永恒的谜"。少年时期的爱因斯坦就有了自己的抱负,决心去探索这个"谜"的"谜底"。爱因斯坦的理想是美好的,可是,现实又是十分严酷的。中学临毕业的前一年,他因功课学得不好,被勒令退学。不久,他父亲开办的小工厂又倒闭了,弄得全家生活无着落。在这个严酷的现实面前,他该怎么办呢?继续学习已经成了问题,但一想到要去做一个手艺人混饭吃,他就本能地产生反感。一天,他看到了一篇文章,文章说:"假使一个人坚定不移地按照自己的本心行事,世界就会转过来迁就他。"爱因斯坦反复地琢磨着这句话,思前想后,更加坚定了他走研究科学的道路的信念。于是,他说服父亲,允许他继续坚持自学。他决心通过自学,掌握上大学的知识。

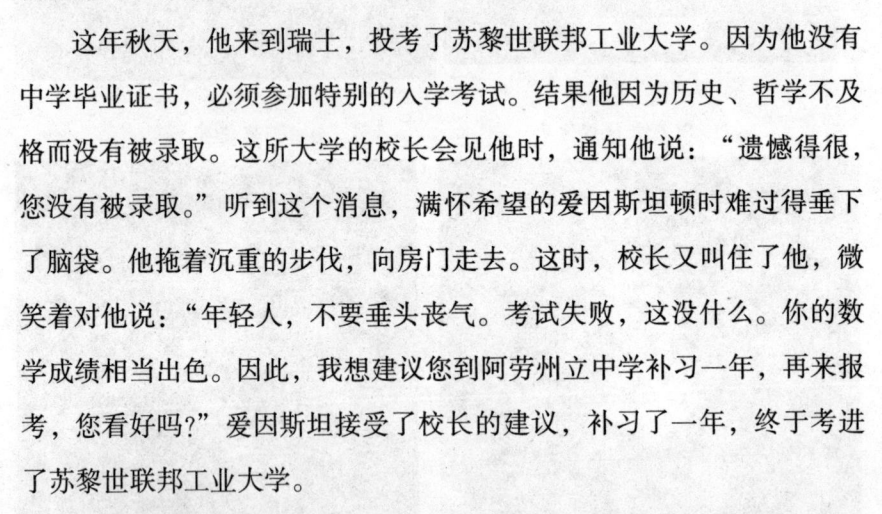

这年秋天,他来到瑞士,投考了苏黎世联邦工业大学。因为他没有中学毕业证书,必须参加特别的入学考试。结果他因为历史、哲学不及格而没有被录取。这所大学的校长会见他时,通知他说:"遗憾得很,您没有被录取。"听到这个消息,满怀希望的爱因斯坦顿时难过得垂下了脑袋。他拖着沉重的步伐,向房门走去。这时,校长又叫住了他,微笑着对他说:"年轻人,不要垂头丧气。考试失败,这没什么。你的数学成绩相当出色。因此,我想建议您到阿劳州立中学补习一年,再来报考,您看好吗?"爱因斯坦接受了校长的建议,补习了一年,终于考进了苏黎世联邦工业大学。

上大学是爱因斯坦十分向往并为之奋斗已久的事。上大学后,爱因斯坦对居住、吃饭、穿衣等毫不讲究,把生活水平降低到了最低限度,以衣能遮体、食能饱腹为满足。一是他没有时间去讲究这些,二是贫困的家庭经济状况迫使他必须节衣缩食。他把全部的精力和时间都用在了学习上。爱因斯坦的学习精神，是"如饥似渴"这四个字所不能形容的。可以说，他的一切就是读书和思考，读书和思考也就是他的一切。他专心地学习着数学、物理和哲学。由于学校的课程不能使他得到满足，他就把精力投注到课外阅读上。从入学的第一年起，他就给自己列了一个长长的书单，并严格规定了读完的时间。在他租赁的那间斗室里，在明媚的湖畔，在阅览室，在校园里，他如饥似渴地读啊读啊，直读到肚子饿得咕咕叫，才到小饭馆里随便吃点东西，然后再读。除了读书，他就是做实验，通过实验加深对书本知识的理解。

经过四年的勤奋学习，爱因斯坦以优异的成绩领到了毕业证书。但毕业后，他却找不到固定的工作。他没有饭吃，没有衣穿，贫困之极。饥寒交迫之中，他偏又得了肝炎，日子就更难熬了。他的一位同学同情地说："下一步，可怜的爱因斯坦啊，只好拿着小提琴，去挨家挨户地演奏乞讨了。"

但是，贫困并不能动摇爱因斯坦走研究科学的道路的决心。他继续研究他感兴趣的物理问题，构思他的学术论文。他说："只要能找到一个固定的工作就好了，即使工资少一点也无所谓，那样我就一定可以把学术论文写出来了。"爱因斯坦把自己的求职广告贴满了全城。广告说："阿尔伯特·爱因斯坦，联邦工业大学毕业，讲授物理课，每小时3法郎，愿者

爱因斯坦铜像

请洽。"

广告贴了很多,就是不见有人来招聘他。此时,远在意大利的父亲——一个破产的老商人,为儿子的不幸境遇十分难过,可又爱莫能助;母亲为他痛苦地流泪,当然,他的未婚妻,又是同学的米莱娃就更为他担心了。

恰在这时,报纸上登出了伯恩市专利局征聘二级工程师的广告。爱因斯坦决定去试试看。

也正是在这个时候,一位了解爱因斯坦的才能,并同情他的处境的老同学,决定去向专利局长当面推荐爱因斯坦,因为他认识这位局长。

"爱因斯坦这个人是有点怪脾气,比如说他半夜里会起来拉小提琴等等,不过,他的数学天才是惊人的。令人奇怪的是,他却并不打算在数学上下功夫。这是他的未婚妻告诉我的。"

"他有未婚妻?"局长问。

"是的。"

"他打算搞什么?"

"搞物理。"

"他聪明吗?"

"假如你问我的意见,我认为他就是做成天才的那种料子做成的。"

"那叫他来见我好了。"

爱因斯坦来到伯恩市专利局,见到了局长,呈上了申请书,心里怦怦直跳。局长一双锋利的大眼睛,在不停地审视着他。爱因斯坦通过了局长的全面考核,结果被录用了。当然,老同学的推荐也许起到了一些作用,但主要的是,通过考核,局长认为他是一位有才华的年轻人。

招聘广告上明明写的是"二级",而局长却给爱因斯坦定为"三

级"。这些，爱因斯坦就不在乎了。因为，有了固定的职业，就可以发挥他的聪明才智了，而这就是他的幸福之所在。从此，爱因斯坦在科学研究的征途上大踏步地前进了。专利局的工作对爱因斯坦的学习和研究很有利。他的任务是审查"发明专利申请书"。他每天用三四个小时，有时只用一个小时，就把全天的工作做完了。其他时间就用来看书、思考，进行理论物理学的研究。

可是，专利局规定，工作人员在工作时间不许干与工作无关的事。于是，爱因斯坦就想出了一个巧妙的办法：他把书放在抽屉里看，一旦局长来了，就把肚子一挺，推上抽屉，神不知，鬼不觉。同时，他总是用很小的纸片进行计算，随时准备把纸片塞进抽屉里。

爱因斯坦读书、计算总受到局长的限制，可是，思考，这是谁也限制不了的。在工作时间，在吃饭、睡觉、乃至上厕所的时候，他都在一刻不停地思考。想不让他思考问题，除非他停止了呼吸。

半年后，爱因斯坦同米莱娃结婚了。那天，在喜庆的筵席上，在和妻子回家的路上，他想的都是物理学问题。他和妻子回到了新房的门口。哎呀！糟糕，他竟忘记带钥匙了。这是他常有的事，除了读书和思考以外，他什么事也不放在心上。不过，这事发生在这个时候，实在太不合适了。他慌忙地找钥匙去了，新娘只好孤零零地一个人站在门口等着。她哭笑不得，埋怨说："唉，这个人，他的头脑里会想些什么呢？"

一年多后，妻子生下了一个儿子。儿子的出生，给爱因斯坦带来了快乐，也带来了沉重的负担。他常常是左手抱着儿子，右手做着计算，嘴里还不停地说着："噢，噢，娃娃乖，娃娃乖……"脑子里思考的依然是分子、原子……妻子对处理家务不感兴趣，常让他带孩子去街上玩。爱因斯坦推着婴儿车，默默地在城街上走，每走十几步就要停下来，掏出纸片和铅笔，飞快地写下几行数字，然后再走。一天，他刚走到一个交叉路口，突然又想起了一个问题，必须停下记下来。这样，警察免不了要瞪他几眼，因为他在交叉路口停下来是不相宜的。

爱因斯坦对他的物理学研究实在是太醉心、太入迷了。工作起来，他经常是夜以继日，通宵达旦地拼搏。当然，在他解决了某一个问题心情快活的时候，或是在问题百思不得其解、心情苦闷的时候，他也会三更半夜拉他心爱的小提琴。至于会不会影响别人睡眠，他可没想到，也就不管了。恰恰是这个研究空间和时间的人，工作起来，却忘记了他所处的空间和时间，没有白天和黑夜之分了。

在爱因斯坦26岁的时候，他终于写成了著名的论文《论动体的电动力学》，创建了现代物理学的基础理论之一——狭义相对论。狭义相对论的建立，如同闪电划破时代的夜空，轰动了整个科学界，开创了物理学的新纪元。

这件事发生在1905年。因此，这一年，被称为物理学历史上"革命的一年"。

当爱因斯坦因建立狭义相对论而名扬四方的时候，他的顶头上司——专利局局长大为震惊。他把爱因斯坦找了去，对他说："年轻人，您真了不起！您哪来的功夫做这种研究。"

"这算得了什么！局长先生。这不过是前人的一些主张的发展而已……"爱因斯坦回答说。

爱因斯坦，这位专利局的小公务员，做出如此辉煌的成就，确实了不起。当时，一些对爱因斯坦不了解的人，对他成功的原因作了种种猜测，还有人要他介绍成功的秘诀。爱因斯坦笑了笑，然后在黑板上写了这样一道公式：

A = X + Y + Z 爱因斯坦并解释说，A 代表成功，X 代表付出的劳动，Y 代表劳动中得到乐趣，Z 代表"缄默勿言"（意为谦虚谨慎，不要夸夸其谈）。

这，就是爱因斯坦成功的秘诀。

爱因斯坦几乎从幼年时代起就已习惯独立判断和自行其是，他厌恶任何形式的权威（除了理性这种形式的权威以外），他天生反感学校生活，他认为对于学校来说，最坏的事是靠恐吓、暴力和人为的权威这些办法来进行工作，这种做法摧残学生的健康和感情、诚实和自信；制造出来的是顺从的奴仆。他说："学校的目标应当是培养有独立行动和独立思考能力的个人。"在专利局工作的那些日子，他既接触不到专业的物理学家，也看不到他工作所需的书刊，他无从得到师长的指导，更得不到半点勉励。就在这样孤独的情形下，爱因斯坦取得了 1905 年发表的那么高的成果，在短短的时间内开拓了物理学领域，从此开始了他的学术生涯。

登攀物理颠峰

爱因斯坦的狭义相对论，在物理学界，在社会上，掀起了波涛。人们开始觉得，他的职务和他的天才太不相称了，建议他到大学里谋个职位。爱因斯坦对教授的头衔不感兴趣，但考虑到大学里优越的研究条件，他还是接受了这个建议。

1909 年 12 月，爱因斯坦辞去了专利局的工作，担任了联邦工业大学的副教授，开始了教授生涯。他虽然当了教授，工资却反而减少了，生活越来越困难，连给儿子买双新鞋的钱都没有。他的小小的房间，既

走进科学的殿堂

是工作室，又是卧室，中间拉着一根长长的绳子，上面晾晒着孩子的尿布。为了增加收入，维持生活，他让妻子开了一个家庭小饭馆，他自己也常到饭馆帮忙，当跑堂的。

但困难的现实条件并没有使爱因斯坦过分烦恼，除了讲课和操持家务以外，他依然是孜孜不倦地进行着科学研究。他和过去一样，每当工作起来，或是和朋友们讨论起学术问题来的时候，还是那样醉心和入迷，常常是忘记了一切。

但是，爱因斯坦的研究工作并不都是顺利的，在他的眼前，终于出现了严重的障碍。1914年，德国军国主义分子挑起了第一次世界大战。遗憾的是，一些失去良知的科学家也卷入了这场战争，还想把爱因斯坦也拉进去，为战争服务。爱因斯坦沮丧的心收紧了。他说："战争是一种恶毒、野蛮的罪行。我即使粉身碎骨也不愿意卷进这种万恶的交道里。"他还说："假使科学和艺术想要自由地生活的话，绝对必须把德国打垮。"于是，他和哲学家尼古拉一起起草了《告欧洲人民书》，呼吁欧洲的科学家竭尽全力，尽快结束这场人类大屠杀。

爱因斯坦

可是，几乎没有什么人去理会他。在一个发了狂的世界里，一个正直的科学家是没有地位的。

世界数学之都——普林斯顿大学

爱因斯坦像躲避瘟疫一样，避开战争的威胁，把自己关在公寓的一间小阁楼中，着手使他的相对论学说的基本原则更趋完善。

在那些年月里，爱因斯坦工作和生活从来没有什么规律，总是不分昼夜地紧张思考和工作；希望和绝望、激动和狂喜给他感情上带来了巨大波动。加上他长期患有肝炎和胃病，他终于把身体搞垮了。仅两个月的时间，他的体重就减轻了十几公斤。

可是，爱因斯坦依然坚持不懈地向着科学高峰艰难地登攀。他对朋友说："我死不死无关紧要，相对论才是真正重要的。"经过他顽强的、艰难的拼搏，1916 年，他终于发表了《广义相对论原理》这篇著名论文，创立了广义相对论，达到了 20 世纪理论物理学研究的峰巅。

他的妻子谈爱因斯坦写作《广义相对论原理》一文的情景时说："他回到楼上的书房里，叫我不要打扰他。他在里面呆了两个星期，我每天上楼给他送饭。傍晚时，他下来散步片刻，又回到书房里工作。他终于从书房里下来了，脸色很苍白。他对我说：就是这个，疲惫不堪地把一迭稿纸放在桌上，那就是他的相对论。"

爱因斯坦

如同所有划时代的发现一样，爱因斯坦的广义相对论有着极其深远的影响。它是狭义相对论的进一步发展和推广，影响到自然科学的各个学科。

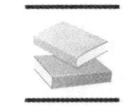

走进科学的殿堂

相对论道理深奥，一般人是很难弄懂的。爱因斯坦曾经这样最简单地解释说："从前大家相信，要是宇宙中一切物质都消失了，那就留下了时间和空间。但是，根据相对论，物质消失了，时间和空间也就跟着一起消失。"

根据相对论的原理，如果能变成现实的话，那就会出现这样的前景：一个人坐上光子火箭，以接近光速的高速度去作星际航行。一年后他回来了，发现儿子已经是白发苍苍的老人，而自己还是那样年轻。

当然，想用一两句话说清楚什么是相对论，是很困难的。它把哲学的深奥、物理的直观和数学的技艺令人赞叹地结合在一起。因此，爱因斯坦被誉为"现代物理学之父"、"20世纪的科学巨匠"，获得了1921年度的诺贝尔物理学奖金。爱因斯坦因创立了相对论而名扬四海，各种荣誉又从四面八方倾泻而来。他的照片被登上画报和广告；市场上还出现了相对论雪茄香烟。他每天不上街则已，一上街就被大群的摄影师、新闻记者以及要求签名留念的人所包围。在他住的公寓里，每天都有成筐成筐的信件给送来。他讲演时，人们往往为抢到他用过的一个粉笔头而争吵不休。

对此，爱因斯坦非常厌烦，能回避的就回避，能谢绝的就谢绝，他不愿意让这些无聊的人和事去占用他宝贵的时间。他专心于科学研究，从来没想到自己的荣誉。他说："眼前，人们大概都发了疯"，"社会把我看成了世界大马戏团里新来的一只奇怪的动物。"

一次，有人在会议上当面吹捧爱因斯坦，竟至达到了令人肉麻的程度。爱因斯坦再也无法忍耐，霍地站了起来，大声地对大家说："谢谢你们给我说了那么些好话。如果我相信了这些话是真的，那我该是一个疯子。因为我明明知道我不是一个疯子，所以我不相信。"

有一位女士为了庆贺自己的生日，买了一张爱因斯坦的画像，然后到爱因斯坦家中请他题词。爱因斯坦思索了一下，这一次破例地写了如下的诗：

"无论我走到哪里，
总看到眼前有一张我的画像。
在写字台上，在墙壁上，
在脖子周围的黑丝带上……
男男女女都怀着钦佩的心情，
来索取一个签名作为留念。
每人都从那可敬的好小子那里，
讨到一个带钩的签名。
有时我感到无比幸福，
但在清醒的时刻我却想：
是我自己已经发疯，
还是我误入了牛羊群中？"

他的儿子对他为什么这么有名气不理解，爱因斯坦爽朗地笑了笑，说："你瞧，一个盲目的甲壳虫在一根弯曲的树枝上爬行的时候，它看不出树枝是弯的。我碰巧看出了那甲虫所没有看出的事情！"

失败的婚姻

爱因斯坦一生结过两次婚，但是与他在理论物理学领域取得的成就

相比，可以说他的婚姻是非常的失败。

在联邦工业大学读书时，爱因斯坦爱上了同学米莱娃·玛蒂奇，打算毕业后和她结婚。这个决定遭到父母的极力反对，甚至一度与母亲的关系闹得很僵。1902年，爱因斯坦的父亲临终前同意了儿子的婚约，但母亲却始终不喜欢米莱娃。带着藏在心头的反抗意志，爱因斯坦还是与米莱娃结婚了，这是1903年在伯恩的时候。一年后，长子汉斯降生，此后的日子过得非常忙碌但也还顺利。

1909年，爱因斯坦被聘为苏黎世大学物理学副教授，一家三口从伯恩搬到风景宜人的苏黎世。但是此时夫妻俩的感情并不和谐，米莱娃天性沉默，没有能力同周围的人保持愉快和亲密的接触。爱因斯坦的个性则迥然不同，他潇洒不羁，喜欢谈笑，这让他的妻子常常感到不舒服，她的性格有些生硬，总要按她的脾气行事。每当爱因斯坦思想源源潮涌，想和米莱娃讨论时，她的反应是那样淡漠，经常使他难以判断她究竟是否感兴趣。爱因斯坦的生活总不能和睦和幸福。1910年，爱因斯坦又有了一个儿子，起名叫爱德华，他继承了父亲的相貌和音乐天才，同时继承了母亲的忧郁，不幸的是由于患了痴呆症，他很早就去逝了。

1911年，爱因斯坦的同学和好友格罗斯曼被委任为联邦工大数理

居里夫人

系的主任，他立刻写信邀请爱因斯坦重回母校任教。在瑞士联邦工大当局准备为爱因斯坦提供教授职位的过程中，曾经征求居里夫人的意见，她认为他是最有希望的人，是最有前途的理论家之一。与爱因斯坦意见不合的彭加勒也写了推荐书："爱因斯坦先生是我所知的最有独创性头脑的人之一。尽管他很年轻……我们必须特别赞赏他的自由自在，他就是用这种精神使自己适应新概念的，使自己有能力从这些新概念中推断出所有的结果。……"于是爱因斯坦重新回到苏黎世，期间，他推掉了好几所著名大学的邀请。

不过爱因斯坦在苏黎世只呆了3个学期。1913年春，他来到柏林，这儿有一个身兼多职的工作在等待着他：领取特别薪金的普鲁士科学院院士，有教学权力但没有教学义务的柏林大学教授并领导一个即将建成的物理研究所。对于爱因斯坦来讲，能够从教书的义务中脱身出来是最

柏林风光

有吸引力的，因为他总觉得教课时心烦意乱，妨碍了他自由地进行思考。

1914 年，米莱娃带着两个孩子到柏林与丈夫相聚，但这个不和谐的婚姻终于无法维持下去，不久以后，夫妻开始分居，米莱娃和孩子们又回到苏黎世，深爱着儿子的爱因斯坦不禁潸然落泪了。

爱因斯坦第二次结婚是在 5 年之后与他的表姐艾尔莎·洛温撒尔夫人。爱因斯坦在柏林居留期间，一直得到她无微不至的照顾，这使爱因斯坦感到特别愉快，他觉得自己的生活平静而幸福，而这都要归功于那位令人喜爱的表姐。1917 年，爱因斯坦患了肝病，他把家搬到艾尔莎家的隔壁。艾尔莎精心护理着爱因斯坦，于是爱因斯坦决定与米莱娃离婚，然后娶表姐为妻。

艾尔莎文雅、温柔，像慈母一样，具有典型的资产阶级风味。她喜欢照顾她的阿尔伯特表弟，也喜欢在家里招待爱因斯坦众多的科学家、艺术家、外交家以及其他私人朋友。她的热情和坦率赢得了朋友们的称赞，爱因斯坦与两个继女的关系也很融洽。总而言之，现在爱因斯坦有了一个与以前完全不同的幸福家庭，不过这种舒适生活对他来说是太过份了。他以前的生活是豪放不羁的，现在则过上了中产阶级的生活。他的家同柏林典型的小康之家一样，装饰着豪华的家俱、地毯和壁画，人们觉得他在这样的环境中更像一个客人。他经常独自在楼上的书房里读书，有时候出来弹会儿钢琴，或者写点什么，然后又回到书房。他的妻子通常是为他准备好吃的东西和外衣后悄悄走开。家庭生活虽然安乐，但他俩并不像一对有事共同商量的夫妻。爱因斯坦在许多场合闲聊时流露出，作为一个结过婚的人，他对神圣婚姻的快乐是有保留的。有一次，人们看见他不断地清除自己的烟袋便问他：是因为喜欢才抽烟，还是只为了清除和重新装满烟袋呢？爱因斯坦答道："我们的目的在于抽

烟，我想，结果总有什么堵塞住了。生活也像抽烟，婚姻更像抽烟。"1930年，艾尔莎去世不久，爱因斯坦给波恩写信说："我已经十分适应新的环境了，就像洞穴里的熊一样，与我的事件繁多的生活相比，我现在觉得自由多了。"爱因斯坦不止一次不够优雅然而很坦率地描写出自己的家庭。在他的内心深处，他一直非常渴望爱情，希望能与爱人和平相处而且一直相亲相爱，但是很不幸，两次都没能如愿。

1933年，爱因斯坦定居美国，在普林斯顿度过了余生中最后的22年。

普林斯顿一景

普林斯顿小镇的生活

1955年4月18日中午,一辆灵车向普林斯顿城外的火葬场缓缓地行进着。

灵车上,安放着当代伟大的物理学家阿尔伯特·爱因斯坦的遗体。

没有花圈,没有乐队,没有任何宗教仪式,只有他生前最亲近的12个人,迈着沉重的步履,跟在灵车后面,默默地为他送葬。

在沉寂肃穆的火葬场上,当爱因斯坦的遗体就要送入火中的时候,爱因斯坦的生前好友那坦教授走上前来,一边擦拭着滚涌的泪水,一边缓慢地、一字一顿地默诵起悼念的诗句:

"……这一切,他在黑夜的沉寂中,
用感人的力量创造的一切,
他并未带入坟墓——
他把灵魂的热力献给了人间。

他像明亮的彗星一般,
从星丛间飞向我们之后,
他又把霞光四射的、
他自己的火花送入了永恒!"

这是诗人歌德写给他的朋友席勒的悼亡诗。此时,用来寄托对伟大的爱因斯坦的哀思,是再恰当不过的了。

世界数学之都——普林斯顿大学

爱因斯坦晚年的栖身地位于普林斯顿镇梅塞街。普林斯顿位于新泽西州西南的特拉华平原，东濒卡内基湖，西临特拉华河。它是一个很小很小的小镇，面积约七平方公里，人口三万多，其中两万多为大学师生。就规模而言，它不比中国一个中等的县城大。在普通的全美地图上，甚至没有标注这个小镇的名字。然而，普林斯顿却是一个世界闻名的地方，它的知名度远远超过了许多号称"国际大都会"的城市。普林斯顿的名气，源于普林

歌 德

特拉华河

智者人生

斯顿大学以及曾经在此居住过的若干宛如星辰般灿烂的大学者们——爱因斯坦就是其中最闪亮的一颗星星。梅塞街是一条有坡道的柏油小路，街道两边长满了高大的橡树，橡树下掩映着一幢幢的两层小楼。这些小楼初看平淡无奇，却越看越有味道。这一带是美国精英荟萃之地，许多纽约文化界、金融界的名人都居住于此。走在梅塞街上，可以想象当年在这里漫步的那个一头银发的矮个子老人，有时他手中还拿着一把小提琴。爱因斯坦经常从家里沿着漫长的绿树成荫的小道走到研究院去或是走回家，对普林斯顿居民来说，看到他的身影已经是习以为常的一件事情了，几乎成为普林斯顿风光的一部分。而且同爱因斯坦交谈几句，就像同邻居聊天一样，乃是常事。此外，普林斯顿的居民又把爱因斯坦视为百年一遇的传奇人物。梅塞街一百一十二号，爱因斯坦的故居，是一幢相当小的住宅楼，在任何一个美国小镇都可以看到这样的小楼：白色的、木结构的小楼，掩映在树木之中。这里的生活，爱因斯坦在一封给伊丽莎白王后的信中说：普林斯顿是个奇妙的地方，是一些装腔作势的小小的半神半人居住的招人喜欢的和讲究礼貌的小村子。由于不理会某些社会习俗，他得以给自己创造了一个宜于工作和逃避对工作的干扰的环境。爱因斯坦与儿子和女儿一起居住，他经常在这些用红色和灰色砖头建筑起来的老房子之间漫步，这些房子使人想起古老的英国。爱因斯坦早已看破了世间的荣华和名誉、权柄与金钱，甚至穿越了生与死的界限。

1948年，医生诊断出爱因斯坦腹部主动脉里有一个肿瘤，从那时起，他知道自己危机临头了。1955年4月13日下午，爱因斯坦在家中病倒，主动脉瘤已经扩散，最后的日子到了，他平静地等待着它的来临。在遭受疾病折磨时，爱因斯坦十分坚忍，他拒绝注射吗啡和施加一

切外科手术，说："我想去的时候就去了，我已尽到了自己的责任。"5天之后，爱因斯坦与世长辞了，去世的前一天，他还要人把统一场理论计算的最近几页拿给他修改。

在普林斯顿那家小小的医院里，这位伟大的科学家在弥留之际再三叮嘱说："不要给我修建墓碑，切切木可把梅塞街一百一十二号变成人们朝圣的纪念馆。"他要求不要公开埋藏骨灰的地方，也不要举办任何的追悼活动。他还告诉校方，这所住宅一定要让以后来普林斯顿学习的学者和学生们居住，同时他在高等研究院的办公室也一定要让给别人继续使用。在爱因斯坦看来，房屋就是房屋，不能因为某人居住过了，就改变其功能，让它成为特权的标志。爱因斯坦说过："对我最好的纪念，就是保持房屋原来的用途——供人居住。"这是一种朴素而伟大的思想。与之相比，那些帝王的陵墓、木乃伊和棺椁是何等的渺小啊，那些让活人殉葬的风俗又是何等的邪恶啊。

爱因斯坦与中国

早在1919年，爱因斯坦的相对论就开始介绍到中国，特别是通过1920年英国哲学家罗素来华讲学，给中国学术界留下了深刻的印象。爱因斯坦本人的目光也曾一次次地投射到古老而陌生的中国，1922年冬天，他应邀到日本讲学，往返途中，两次经过上海，一共停留了三天，亲眼看到了处于苦难中的中国，并寄予深切的同情。他在旅行日记中记下"悲惨的图象"和他的感慨："在外表上，中国人受人注意的是他们的勤劳，是他们对生活方式和儿童福利的要求的低微。他们要比印度人更乐观，也更天真。但他们大多数是负担沉重的：男男女女为每日

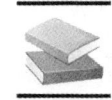

五分钱的工资天天在敲石子。他们似乎不知道他们命运的可怕。""爱因斯坦看到这个在劳动着，在呻吟着，并且是顽强的民族，他的社会同情心再度被唤醒了。他认为，这是地球上最贫困的民族，他们被残酷地虐待着，他们所受的待遇连牛马还不如。"（许良英等编译《爱因斯坦文集》，商务印书馆1979年版，20、21页）十几年后（1936年），爱因斯坦在美国普林斯顿大学与前来年进修的周培源第一次个别交谈时就说："中国人民是苦难的人民。"他的同情是真挚的、发自内心的，不是挂在嘴上，而是付诸行动的。

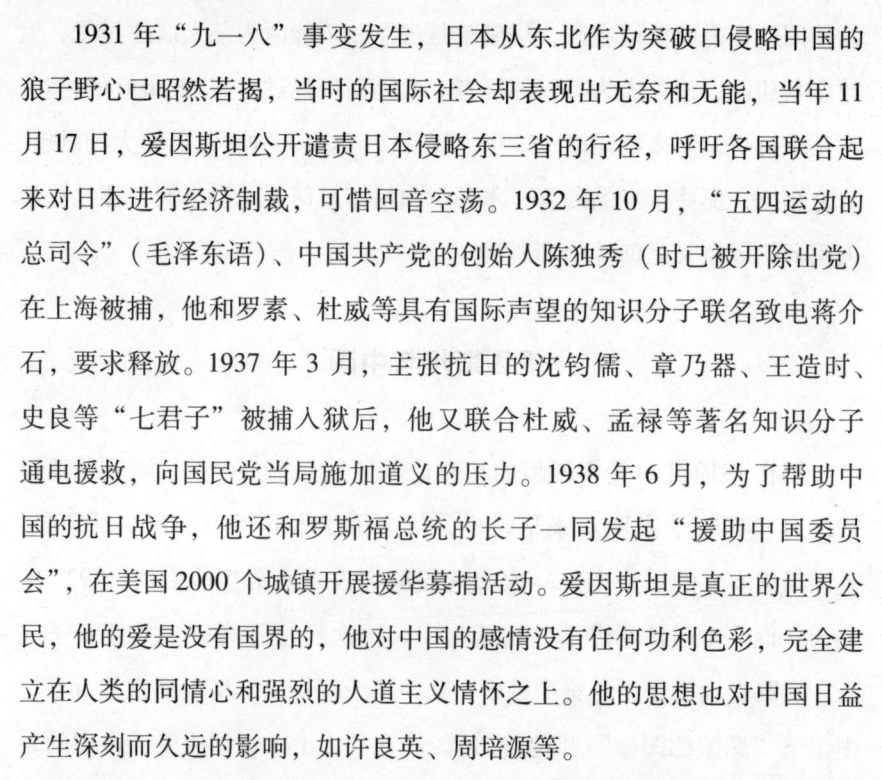

1931年"九一八"事变发生，日本从东北作为突破口侵略中国的狼子野心已昭然若揭，当时的国际社会却表现出无奈和无能，当年11月17日，爱因斯坦公开谴责日本侵略东三省的行径，呼吁各国联合起来对日本进行经济制裁，可惜回音空荡。1932年10月，"五四运动的总司令"（毛泽东语）、中国共产党的创始人陈独秀（时已被开除出党）在上海被捕，他和罗素、杜威等具有国际声望的知识分子联名致电蒋介石，要求释放。1937年3月，主张抗日的沈钧儒、章乃器、王造时、史良等"七君子"被捕入狱后，他又联合杜威、孟禄等著名知识分子通电援救，向国民党当局施加道义的压力。1938年6月，为了帮助中国的抗日战争，他还和罗斯福总统的长子一同发起"援助中国委员会"，在美国2000个城镇开展援华募捐活动。爱因斯坦是真正的世界公民，他的爱是没有国界的，他对中国的感情没有任何功利色彩，完全建立在人类的同情心和强烈的人道主义情怀之上。他的思想也对中国日益产生深刻而久远的影响，如许良英、周培源等。

1934年，爱因斯坦的文集《我的世界观》在欧洲出版，留学法国的物理学教授叶蕴理根据法文译本转译，1937年抗战前夕由于国难当头，这本书并没有引起多少反响，但读过的人无不深受启发，开始严肃地思考人生的意义、人与国家的关系等问题。1955年，爱因斯坦去世后，许良英和周培源都曾发表长篇悼念文章。不幸的是1968年到1976年的8年间，爱因斯坦在中国竟成了"本世纪以来自然科学领域中最大的资产阶级反动学术权威"，"四人帮"掀起了一场荒诞的批评爱因斯坦运动，好在多数科学家不予理睬，实际上进行了抵制。1979年，北京隆重举行了爱因斯坦诞辰100周年纪念大会。

爱因斯坦逸事

相对论

1933年秋天，著名科学家爱因斯坦专程赶到柏林东区哈顿街工人学校为工人演讲并解答工人提出的有关科学问题。

在解答了关于电话、电灯、收音机等的工作原理一类的问题后，有个工人好奇地问："爱因斯坦教授，听说您创立的相对论，世界上只有十几个人懂得，是吗？"旁边的工人还发出惊叹的声音。

爱因斯坦

"那只不过是夸张的说法。"爱因斯坦悠然地吸着烟斗，沉思片刻，然后风趣地解释说："如果你在一个漂亮的姑娘身旁坐一个小时，你只觉得坐了片刻；相反，你如果坐在一个热火炉上，片刻就像一个小时，这就是相对的意义，这

当然是好懂的。如果有人存有怀疑，而又想试验一下的话，有谁不会宁愿做那个同姑娘坐在一起的人，而把火炉留给那个怀疑者呢？"

不敢偷看

著名物理学家爱因斯坦出席一次为他举办的正式宴会，来宾中男性都打白领带，女士都穿裸肩的礼服。他的太太因感冒没有去，爱因斯坦回家后，她急忙打听晚会的情形。爱因斯坦告诉她，今晚有哪些著名的科学家出席了宴会。

她太太打断他的话，问："不要管那些，你告诉我太太们穿什么衣服？"

"我可真不知道，"爱因斯坦认真地说，"从桌子以上的部分看，她们没穿什么东西；而桌子以下的那部分，我可不敢偷看。"

德国人与犹太人

著名物理学家爱因斯坦的相对论被证实后，有人问他："对此，您有何感想？"

爱因斯坦眼里流露出一种幽默而含有讽刺的神情说道："既然我的学说现在证明是对了，那么德国人会说我是德国人，而法国人就会认为我是世界公民；可是，如果我的理论证明是错的呢？那时，法国人就会说我是德国人，而德国人会说我是犹太人。"

记忆力

1921年春，著名物理学家爱因斯坦到美国，为犹太人青年创办一所大学筹集资金。在一次演讲过后，有人问他：

"你可记得声音的速度是多少？你如何记下许多东西？你是否随身携带笔记本？"

爱因斯坦答道:"我从来不携带笔记本,我常常使自己的头脑轻松,把全部精力集中到我所要研究的问题上。至于声音的速度是多少,现在我很难确切地告诉你们,必须查一查辞典,才能回答。因为我从来不记那些在辞典上已经印有的东西。我的记忆力是用来记忆书本上还没有的东西。"

时间与永恒

一位美国女记者走访爱因斯坦,问道:"依你看,时间和永恒有什么区别呢?"

爱因斯坦笑了笑答道:"亲爱的女士,如果我有时间解释它们之间区别的话,那么,我们解释完的时间一到,永恒就消失了。"

淡泊名利的大师

1948年5月14日,以色列国诞生,但不久以色列与周围阿拉伯国家的战争便爆发了。已经定居在美国十多年的爱因斯坦立即向媒体宣称:"现在,以色列人再不能后退了,我们应该战斗。犹太人只有依靠自己,才能在一个对他们存有敌对情绪的世界上生存下去。"1952年11月9日,爱因斯坦的老朋友以色列首任总统魏茨曼逝世。在此前一天,就有以色列驻美国大使向爱因斯坦转达了以色列总理本·古里安的信,正式提请爱因斯坦为以色列共和国总统候选人。当日晚,一位记者给爱因斯坦的住所打来电话,询问爱因斯坦:"听说要请您出任以色列共和国总统,教授先生。您会接受吗?""不会。我当不了总统。""总统没有多少具体事务,他的位置是象征性的。教授先生,您是最伟大的犹太人。不,不,您是全世界最伟大的人。由您来担任以色列总统,象征犹太民族的伟大,再好不过了。""不,我干不了。"爱因斯坦刚放下电话,

电话铃又响了。这次是驻华盛顿的以色列大使打来的。大使说:"教授先生,我是奉以色列共和国总理本·古里安的指示,想请问一下,如果提名您当总统候选人,您愿意接受吗?""大使先生,关于自然,我了解一点,关于人,我几乎一点也不了解。我这样的人,怎么能担任总统呢?请您向报界解释一下,给我解解围。"大使进一步劝说:"教授先生,已故总统魏茨曼也是教授呢。您能胜任的。""魏茨曼和我不一样。他能胜任,但我不能。""教授先生,每一个以色列公民,全世界每一个犹太人,都在期待您呢!"爱因斯坦被同胞们的好意感动了,但他想的更多的是如何委婉地拒绝大使和以色列政府,而不使他们失望,不让他们窘迫。不久,爱因斯坦在报上发表声明,正式谢绝出任以色列总统。在爱因斯坦看来,"当总统可不是一件容易的事。"同时,他还再次引用他自己的话:"方程对我更重要些,因为政治是为当前,而方程却是一种永恒的东西。"

不拘小节的大师

有一次,他要把墙上的一幅旧画换下来,就搬来一架梯子,一步一步爬上去。突然,他又想起一个问题,沉思起来,忘记自己在做什么了,猛的从梯子上摔下来。摔到地上以后,他顾不得疼痛,马上想到:人为什么会笔直地掉下来呢?看来物体总是沿着阻力最小的线路运动的。爱因斯坦想到这里便马上站立起来,一瘸一拐地走到桌边,提笔把自己的这个想法记了下来。这对他正在研究的问题——相对论有很大的启发。

热爱运动的大师

爱因斯坦是一位成就辉煌的科学家。他从小喜欢运动,一生坚持不懈，直到老年，人们尊重地称他为"老年运动家"。

有人认为科学家都是成天坐在试验室，摆弄机器，计算数据，生活单调，性格孤僻。其实，不少科学家把生活安排得非常丰富多彩，充满生气，爱因斯坦就是一个典型例子。他在学习或工作十分紧张的情况下，仍抽空参加多种文体活动，尤其喜欢爬山、骑车、赛艇、散步等体育活动。有人形容他工作时的劲头"简直像个疯子，似乎有使不完的精力。"一位伟人说过：不会休息的人，就不会工作。爱因斯坦这种充沛的精力，正是来自他的合理休息和经常锻炼的结果。

爱因斯坦于1879年3月14日诞生在德国北部的乌尔姆城，父亲是电气工程师。在家庭的熏陶下，他爱上了科学，不仅善于思考问题，而且喜欢文体活动。15岁时，全家离开德国来到意大利。后来，他考取瑞士苏黎世工业大学，尽管每天学习任务紧张，仍抽出一定时间散步，节假日还要出外旅游或划船。爱因斯坦的这种爱好，不但是从兴趣出发，而且为了提高学习效率。他常对人说：学习时间是个常数，它的效率却是个变数，单独追求学习时间是不明智的，最重要的是提高学习效率。他认为必须通过文体活动，才能获得充沛的精力，保持清醒的头脑。爱因斯坦还根据自己的亲身体会，总结出一个公式，即 $A = X + Y + Z$。A代表成就，X代表劳动，Y代表休息和活动，Z代表少说废话。他把这个公式的内容，概括成两句话：工作和休息是走向成功之路的阶梯，珍惜时间是有所建树的重要条件。

爱因斯坦在物理学上取得伟大成就以后，在世界上获得了很高的荣誉，但是他从来不图虚名，生活一直艰苦简朴。进入中年以后，才华横溢，成就越来越大，不少国家请他去访问和讲学。有一次，他去比利时访问，国王和王后特地成立了一个接待委员会。那一天，火车站上张灯

走进科学的殿堂

结彩，鼓乐齐鸣，许多官员身穿笔直的礼服，准备隆重地欢迎这位杰出的科学家。火车到站以后，旅客纷纷走下车来，却不见爱因斯坦的影子，他到哪里去了呢？原来，他避开了那些欢迎的人，一位头发灰白又蓬乱的老人一手提着皮箱，一手拿着小提琴，由小车站步行走向王宫。负责招待的人没有迎来贵宾，正在焦急地向王后报告，爱因斯坦风尘仆仆地来到了。王后问他："为什么不乘我派去的车子，偏偏徒步而行呢？"他笑着回答说："王后，请不要见怪，我平生喜欢步行，运动带给了我无穷的乐趣。"

爱因斯坦晚年时，还坚持劳动、坚持锻炼，他经常从事一些家务劳动和栽花、浇水、剪枝，还经常邀请朋友去爬山，有意识地磨炼意志，锻炼身体。有一次，爱因斯坦和居里夫人及其两个女儿，兴致勃勃地攀登瑞士东部的安加丁冰川。他们按照登山运动员的要求，身背干粮袋，手持木拐杖，顺着山径往上爬。在旅途中，爱因斯坦谈笑风生，十分活跃，好像年轻人一样。从此，人们赠给他一个光荣的称号——老年运动家。

智者人生

范氏大楼的"幽灵"

约翰·纳什,1928年6月13日出生于美国西维吉尼亚州布卢菲尔德,1950年获得美国普林斯顿高等研究院数学博士学位,1951年至1959年在麻省理工学院(MIT)数学中心任职。现任普林斯顿大学数学系教授,美国科学院院士。1994年诺贝尔经济学奖得主。国际公认的博弈论创始人之一。

麻省理工学院

纳什的美丽人生

纳什在布卢菲尔德疗养院出生，是个健康聪明但是比较孤独的、内向的小男孩。他有一个幸福的家庭，家人对他很关怀。几年后，有了个妹妹玛莎。他童年不是很喜欢和其他小朋友玩，而是喜欢看书。

纳什的妈妈送他上很好的学校，还单独教导他。爸爸对待他像对待大人一样，给他看科学类的书，而如果是其他父母，可能在这个时候只给他们的孩子看彩色的图书。

比起纳什，玛莎远比他像正常的孩子。她后来回忆：纳什总是那么的特殊，我们的父母知道这一点。他们知道他很聪明，他总是用他自己的方式思考。妈妈总是让我和他成为朋友，但是并不是很愿意向别人介绍我的这位奇怪的哥哥。

纳什很不平常。如果他和20个人在一个屋子里聊天，如果让一个观察者告诉你谁最奇怪，那一定是他。他自己并不知道自己行为诡异，那是天生的。他很神经质，他不愿意看你，他是骄傲和其他一些东西的混合体，在他冷酷外表的下面是一颗充满温暖的爱心。

纳什

小学期间，他的老师并没有发现他的天赋。他们觉得纳什缺少社交技巧，因此认为他是个落后生。纳什觉得学校的教育很乏味。12岁时，他对在家里做科学实验产生强烈兴趣。

纳什把他不喜欢的同学画成诡异的漫画，他喜欢训练动物，还有一次试图让他的妹妹坐上一个缠满接上电池、电线的椅子里。

纳什在14岁时第一次对数学产生兴趣。贝尔的"数学人"启发了他，但对学校的数学课却没有一丝兴趣。

1945年，纳什进入卡内基学院学习，开始显示出在数学方面的能力。但是生活的无聊和青春期的叛逆使他开始玩恶作剧，偶尔还很疯狂。他听爸爸的话学习电子工程，同时他继续做自己喜欢的化学实验，并且介入了一起实验爆炸引起一学生死亡的事件。

普林斯顿大学一景

纳什在卡里基理工学院的时候，引起了大学数学教授们的注意。他们惊讶地发现，这个年轻人已经掌握了足够的数学知识，完全可以免修许多基础课程。一位教授将纳什称为高斯第二,以此来形容这个学生的数学才能。不久,普林斯顿大学著名的拓扑学家阿尔伯特·塔克前来讲学,惊讶地发现这个学院的数学水平相当可以。与此同时,纳什本人对数学的兴趣也在增长,本来纳什到卡内基理工学院是为了成为一个工程师,但最后他却成为了一位数学家。

尽管他的老师经常夸奖他,但是在同学眼中,纳什仍是一个奇怪的、不成熟的人。在纳什的青年时代,他总是成为人们嘲弄和取笑的对象,因为他对集体活动不感兴趣,拙于社交。他奇怪的举动让他饱尝了众人的白眼。

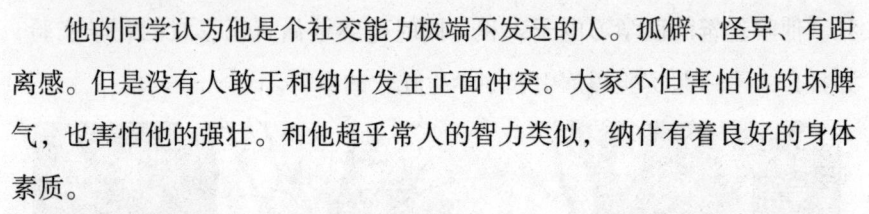

他的同学认为他是个社交能力极端不发达的人。孤僻、怪异、有距离感。但是没有人敢于和纳什发生正面冲突。大家不但害怕他的坏脾气,也害怕他的强壮。和他超乎常人的智力类似,纳什有着良好的身体素质。

随着年龄的增长,这位"无所不知的人"——别人这样称呼纳什——越来越高大和强壮。他的谈吐尖锐,受到周围人的崇敬。毫无疑问,他认为自己是个比别人都高明的天才,并对他认为不如他的人不屑一顾。

1947年3月,纳什遭遇了一生中首次重大失败。他参加了当时的威廉·洛厄尔·帕特南数学竞赛。这是一个为大学在校学生举办的数学比赛,也被认为是让自己的名字在数学界出现的好机会。但是纳什输掉了这场竞赛,他没能进入前5名。对于一个将来的数学家来说,这是一个彻底的失败。

1948年,纳什从数学系毕业,并得到了去哈佛、普林斯顿、芝加哥和密歇根深造的机会。纳什本人向往哈佛。但是由于在帕特南数学竞赛中的失败(至少纳什一直这么认为),哈佛提供给纳什的奖学金是各

世界数学之都——普林斯顿大学

密歇根大学

所大学中最少的。最后，凭着推荐信中一句"这个学生是个天才"，纳什来到了普林斯顿大学。

普林斯顿的环境非常适合纳什。这个1933年成立的大学城的小镇中聚集了众多著名的科学大师：罗伯特·奥本海默、爱因斯坦、冯·诺依曼、诺曼·斯蒂恩罗德……1948年，纳什来到了这个满是哥特式建筑的小镇，来到数学系的红砖大楼中攻读博士学位。当时数学系的主任是俄国移民列夫谢茨。

芝加哥大学一景

智者人生

列夫谢茨鼓励学生进行独立思考。而当时人们对纳什的评价是："天空都不足以容纳他的独立性"。在这所学校中，学生唯一必须出席的课程是每天下午三点钟的下午茶。在那里，教授和学生们讨论数学，说着有关数学的笑话，谈论各种最新的数学研究成果，并通过这样的方式来评价每个学生的能力。要获得这所学校的学位并不容易：或是成功，或者被淘汰。

在这样一个鼓励思考和异想天开的环境中，纳什的精神开始了自由的舞蹈。他对所有的学科都感兴趣，并利用下午茶的时间充分展示自己：谁都无法忽视他的存在。他甚至曾经造访过爱因斯坦，向他讲述自己对于重力的看法。在与爱因斯坦讨论一个小时之后，爱因斯坦对纳什说："年轻人，你应该来学一点物理。"但是纳什没有遵从他的建议。他认为只有学习数学才能令他重新发现自己。1949 年，纳什开始研究被当时数学界人士认为是丑姑娘的对策理论即博弈论。对策理论的创始人是美国数学家冯·诺依曼，1944 年，诺依曼和摩根斯坦共同撰写《对策理论与经济行为》的出版标志着现代系统对策理论的诞生。在诺依曼和摩根斯坦眼里，经济是一种完全科学性的行为，需要数学理论对它进行规范。

纳什的行事原则是：正确地提出问题，然后找到唯一的解决之道。他的第一项科学研究，即是在现代经济学中具有里程碑意义的对策论数学。1950 年，纳什发表了他的"非合作对策"博士论文，提出了诺依曼的合作对策论相对立的观点。纳什在论文中引入了著名的"纳什平衡"理化，对有混合利益的竞争者之间的对抗进行了数学分析。纳什向冯·诺依曼提出他的理论，但是被冯·诺依曼简单地认为是"对已完善定理的新译法"。可是这一回冯·诺依曼却是大错特错，纳什的非合作对策论，不但奠定了对策论的数学基础，而且在后来得到了商业策略家

世界数学之都——普林斯顿大学

的广泛应用。

1950年，纳什进入兰德研究所工作，这是中央情报局设在圣莫尼卡的一个战略研究机构，雇佣数学家推行冷战时代的对策理论。在军事目的与科学行为相混合的兰德研究所，纳什独特的才华和行为并没有引起上层的足够重视。这年秋天，纳什回到了普林斯顿大学，决心将全部的精力放在纯粹的数学研究上。纳什需要证明自己的天才，同时他不想让对策理论在人们眼里变得无足轻重。于是他证明了一个几乎无法证明的几何定理，获得了同事的一致尊敬。随后几年中，纳什继续留在普林斯顿和兰德研究所工作。

圣莫妮卡一景

1950年，年仅22岁的数学博士约翰·纳什连续发表了两篇划时代

走进科学的殿堂

的论文《N——人对策的均衡点》、《讨价还价问题》。第二年,他又发表了《非合作对策》。这非合作对策理论为合作对策的讨价还价理论奠定了坚实的基础,同时为对策论在20世纪50年代形成一门成熟的学科做出创始性的贡献。

然而,纳什对科学的最大贡献产生于1932年他在麻省理工学院工作期间,一位同事刺激他说:"既然你如此聪明,为什么解决不了变数问题?"6年后,纳什就把这个问题解决了,他甚至掌握了一些关于水

智者人生

麻省理工学院

面被打破、原子运动和地震活动的方程式的重要结果。纳什因此被《财富》周刊评为最耀眼的新生数学家。

纳什与麻省理工学院的一位富有魅力的光彩夺目的老师埃莉诺结了婚,但是婚后,两人的生活并不愉快,于是在冷战了4年之后,双方选

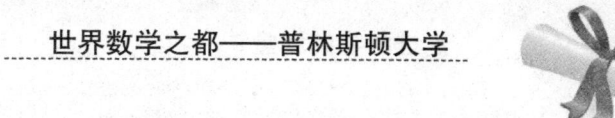

择了离婚。对于女人来说，纳什的魅力不可抵挡。与埃莉诺的关系结束后，纳什开始与一位叫艾丽西亚·拉尔德的女学生约会。他们之间的爱是性别和才智上的互相吸引。艾丽西亚原是纳什在麻省理工学院教微积分时的物理系学生，祖籍萨尔瓦多。1957年当纳什学术休假到普林斯顿高等研究院访问的时候，他们结了婚，妻子是个害羞的女孩，缺乏信心，有一点害怕男人，比较内向。婚后，艾丽西亚盼望着生个孩子，而纳什则开始为诺贝尔经济学奖而努力。

爱心呵护下终获奖

就在纳什30岁，即将成为麻省理工学院高级教授的时候，他的脑子出现了可怕的问题，经医生诊断，纳什得了妄想型精神分裂症。大约从1959年开始，妄想型精神分裂症逐渐使他几乎成了一个废人。

纳什完全变成了另一个人。他热中于给政治人物写一些奇怪的信，在欧洲游荡差点被法国警察抓到精神病院。留在国内的妻子以及同事，开始收到一些奇怪的明信片，充斥着莫名其妙的数字。他怀疑被人跟踪，怀疑有人要刺杀他，甚至一度要求放弃美国公民的身份。

他的世界里满是魔鬼、武士、纳粹和先知，他觉得自己一直生活在拿破仑、撒旦或是提坦巨人的威胁下。他对世界的毁灭和自己的死亡有深深的恐惧。他目光空洞地四处游荡，认识只有自己才真正明白世界的真相，而其他人都生活在幻象之中。他担心自己随时会被其他人杀害，因为自己是"通晓天机的人"。他的名字是小约翰·福布斯·纳什，患有妄想型精神分裂症。

有一天早晨，纳什拿着一份《纽约时报》走进办公室，对着空气说，报纸头版左边的文章里包含着一条来自另一个星球的数字信息，只有他能破解。而在家里，纳什不断地威胁艾丽西亚。最终，纳什夫妇分居了，后来正式离婚。纳什先是回到故乡和年迈的母亲住在一起。在纳什患病的 30 多年，他的时间是在故乡西维吉尼亚、精神病院和普林斯顿度过的，后来主要实在普林斯顿。因为离婚之后，好心的艾丽西亚还是让纳什在普林斯顿时和她住在一起，她一直没有再结婚，依靠自己的微薄收入和亲友的周济，照料前夫和他们的唯一儿子。

　　艾丽西亚试尽了各种方法，而纳什也在深爱他的前妻的鼓励下，顽强地与疾病做斗争。即使是处于病魔的重压之下，纳什仍然被他那令人兴奋的数字理论所驱使者。在普林斯顿，朋友和同事一再努力帮助纳什以任何形式哪怕是几乎象征性地参加什么研究项目，可是都未成功。后来，同事们作出安排，使他能够使用大学的计算机，期望神奇的电脑能够唤醒他超人的才智。普林斯顿的人们充满了爱心。可是纳什的病情一直在好转与复发之间反反复复，人们一度相信，曾经作出过如此深刻的科学发现的纳什，恐怕再也逃不出常常要被送进精神病院的命运了。

　　每天的下午茶时分，在普林斯顿大学数学系大楼的休息厅里仿佛可以见到一个头发灰白、双眼深陷、不时在一张纸上潦草地写写画画的人

拿破仑

世界数学之都——普林斯顿大学

西维吉尼亚风光

普林斯顿一景

智者人生

的影子。看着他，很难想象这个30年前就看似行将就木并一直生活在贫困中的人，是一位数学天才、诺贝尔奖得主。

普林斯顿大学一景

在这段艰难的时期，纳什的名字始终频频出现于各个地方：关于经济和生物演变的论文，科学政治理论和数学发现，硕果累累绝对是通过意志的力量，他才一如既往地继续着他的工作。并于1994年获得了诺贝尔奖。

纳什是所有诺贝尔经济学奖得主中最不幸的，又是不幸中最万幸的人。纳什在普林斯顿读博士时刚刚20岁出头，他的一篇关于非合作博弈的博士论文和其他两篇相关文章确立了他博弈论大师的地位。然而，就在纳什30岁的时候，他的脑子出现了可怕的问题，经医生诊断，纳什得了妄想型精神分裂症。在随后的30年中几乎成为一个废人。但在前妻艾莉西亚的爱心呵护和诸多朋友、同事无私的帮助下，他竟然奇迹般地康复了。

科 学 巨 匠

现实主义的代言人

阴暗的少年生活

索尔·贝娄（1915—2005），1915年6月10日贝娄出生在加拿大魁北克省拉辛城，父母是来自俄国的犹太移民。父亲虽为知识分子，但移居北美后他们的生活依然很困窘。他的母亲性格坚强，对他影响很大。贝娄在芝加哥的犹太人贫民窟中长大，毫无疑问，这段青少年时期的经历对于他来说至关重要。它形塑了他的性格，使他忧郁、内向、精神沮丧、看事物总爱往阴暗的一面看。不久，家境开始好转，贝娄在那里的公立学校读书。

贝娄看尽了人情冷暖，在

贝　娄

走进科学的殿堂

加拿大蒙特利尔，他的父亲移民到这里之后，靠贩卖土耳其无花果和埃及洋葱维持生计，9岁之前，贝娄和流亡的俄国人、波兰人、乌克兰

加拿大蒙特利尔城区

人、希腊人和意大利人一起挤在受人歧视的犹太人聚居区内，由于他父亲不争气，走私商品触犯了当地法律，不得不移居美国。另一种阴影来自他的母亲，她是个虔诚的犹太教徒，正是从他母亲那里，贝娄学会了希伯来语和意第绪语。也许是艰苦的流亡生涯损害了她的身体，在贝娄17岁，母亲去世了。这对他是一次沉重的打击。后来他把他之后一切的变化都归咎于母亲的撒手人寰："从我母亲去世之日起，我的人生就开始变得不同了。"

1933年，他考入芝加哥大学社会学系，两年后他又转到伊利诺斯州

世界数学之都——普林斯顿大学

埃文斯顿的西北大学,并于 1937 年毕业,获社会学和人类学学士学位;同年,他前往麦迪逊的威斯康星大学攻读硕士学位,但中途辍学。

芝加哥大学一景

威斯康星大学

科学巨匠

走进科学的殿堂

在芝加哥大学生活并没有抚平他的伤痕，尽管后来在西北大学期间英语系主任对他很关心，梅尔维尔·霍斯科维茨教授还想把他培养成一名钢琴家。芝加哥对于他人来说也许是个遍地黄金的人间天堂，但对于贝娄来说却是一个阴暗之城、病态之城、苦难之城。贝娄本人是这样评价芝加哥人的："芝加哥人总是为他们的邪恶而感到自豪，这是一种很不错的本土政治，历史悠久，尽管它被称之为自负。"肯定是芝加哥让他感到厌烦透顶，否则很难想象，就是这么一个并不喜欢积极入世的人却在二战爆发后报名参军，幸好，疝气解救了我们的大作家，使他没有在前线成为一堆炮灰。但复员后他也没闲着，他参加了一支商船队，正是在海上漂流的过程中，他写下了他的第一部小说《晃来晃去的人》。海上的孤舟将他与大陆隔离开来，让他分外感受到孤寂。

明尼苏达大学

1946年，贝娄重返大学讲坛，先后在明尼苏达大学、纽约大学、普林斯顿大学、波多黎各大学和芝加哥大学任教。

纽约大学一景

波多黎各大学一景

利用小说剖析人生

二战前后，美国经济萧条，城市人口激增，失业人数不断上升，人们的精神处在压抑和苦闷之中。此时，贝娄把目光对准社会，挖掘社会对人的影响，开始了文学创作。从20世纪40年代至今，他共创作了10部长篇小说，还有一些中短篇和小说剧本。

1944年，他发表了第一部长篇小说《晃来晃去的人》。这部作品既具有现实倾向，又表现了存在主义的哲学思想。主人公约瑟夫是大学毕业生，一个孤立于社会之外的存在主人人物。为了能改变环境、获得自由，他自愿应征入伍。在等待兵书期间，他无所事事、空虚烦闷，在社会上晃来晃去。虽然享受了"自由"的滋味，但精神极端痛苦，于是请求兵役局让他立即入伍，并为取消了"自由"而喜悦。小说深刻反映了二战期间人们对生活厌倦和失望的情绪，也初步展示了贝娄在写作方面的才华。

1947年，他的另一部作品《受害者》发表。可以说，这部小说是第一部小说主题的深化。小说从存在主义角度探讨了人与人之间彼此仇

视并相互侵害的社会根源，进一步阐明了他的"世界荒谬"的思想。

20世纪50年代，贝娄的作品已趋于成熟。1953年，他的成名作《奥吉·马奇历险记》发表。这部作品使他在文学界脱颖而出，并成为美国现实主义小说的主要代言人，获全国图书奖。作者描述了主义公——来自芝加哥贫民窟的犹太青年奥吉·马奇的历险故事。他希望能过一种不受限制的生活，但周围的那些人：流氓、富翁、店主和宾客等却总企图把他的命运纳入他们的轨道，为了躲避他人的同化，他怀着一颗烦闷不安的心走南闯北，做各种工作，却因此目睹了资本主义社会下的种种形态：黑市买卖、打胎、性变态、政治交易等等。他不但什么都没有找到，反而遗失了自我。最后他幻想以"爱"来实现自我：和一位他钟爱的女子结婚，到美丽的大自然中创办一所孤儿院，把爱带给人间，结果梦想却被现实粉碎。

这部作品揭示了造成这一切的原因是社会环境，对社会进行了嘲讽和批判。

1959年，他发表了《雨王汉德森》。主人公汉德森家财万贯，婚姻如意，精神却极度空虚。为了寻找理想，他步行万里远去非洲，想造福于人，却总引祸于人，最后，才终于认识到只有爱才是创造生活现实的真正力量。小说一方面批评嘲讽了当代美国社会里只有金钱而无格言的现实，并正面提出人生的理想问题；另一方面又具有反讽刺的意味，揭示了在非现实的环境里人们所能找到的"自我"是一种美的幻想。

贝娄在20世纪60年代所创作的作品，开始表现人的价值与资本主义社会之间的矛盾。1964年，他发表《赫索格》。作者以深沉含蓄的笔触描写了在道德沦丧、人欲横流和丧失理性的社会境况下一位犹太资产阶级知识分子的严重的精神危机。这部小说获得了1965年的国家图书奖，轰动一时。小说深刻揭示了美国现代社会的生活与尖锐的社会矛盾，深入探讨了政治、经济、意识形态等方面的社会问题，挖掘了主人公悲剧的社会根源，表现了作者强烈的现实主义的思想。

1970年，贝娄发表了《赛姆勒先生的行星》，这部小说使他再一次荣获全国图书奖。作品通过经历了法西斯战争屠杀的犹太人赛姆勒在美国的见闻，揭示了西方文明的疯狂和堕落，反映了资本主义社会的精神危机。

20世纪70年代，贝娄的作品取得了非常的成就，他在1975年发表的《洪堡的礼物》引起了国内外的重视，被美国《时代》周刊推荐为当年十大著作之一，曾两次获曾利第文学奖，并以"对当代文化富于人性的理解和精妙的分析"而获诺贝尔文学奖。作品以独特的视角真实地展现了美国现代社会瞬息万变的场景和当代美国人那种空虚迷茫的精神状态，揭露了美国物质世界对精神文明的摧残。

1982年至1985年，两部长篇小说——《院长的十二月》和《更多的人伤心而死》。前者探讨了"死亡"在两种社会制度中的内涵，后者表现了犹太知识分子与美国社会现实的矛盾。

贝娄的作品被称为"思想小说"或"哲理小说"，作品的人物大都是思想丰富颇有学识的知识分子，他们苦思人生，却总感到前途灰暗，无所作为，思想上的追求与现实中的妥协并存，最终以适应生活和现实社会而结束。

贝 娄

他深受人道主义思想的影响，坚信在精神上人有追求美好品质的愿望，世界上总会存在一些合理的东西，人类的经验就是爱他的作品，充满了人道主义色彩，他的创作思想既有对 19 世纪末以来美国现实主义传充的继承，又有对 20 世纪存在主义哲学和精神分析学的认可；既对理想境界向往与追求，又在现实和理想之间的矛盾面前流露出悲观情绪；既有对现实的沉思，又有存在主义立场的选择和接受现状的妥协，形成了现实主义存在主义相结合的独特风格。他的作品既有喜剧性的嘲笑又有严肃的思考，滑稽中蕴含着悲怆，引人深思。

走进科学的殿堂

族化学的权威

科学之路的第一位老师

理查·斯莫利（1943—2005），于1943年6月6日出生在美国东部俄亥俄州的一座小城阿克伦。

俄亥俄州一景

他的父亲小弗兰克是堪萨斯城一个铁路邮递员的儿子，是一个非常刻苦勤奋的人。他靠自己的顽强奋斗，从一个小木匠、印刷厂学徒工，成长为一个拥有多家农业技术与经济刊物的出版集团的首席执行官。他十分热爱农业，对商业技术着迷到有些近乎疯狂的地步，并具有惊人的分析和判断事物的能力。斯莫利性格和父亲十分相像，在他身上的很多方面都能找到他父亲的影子。但在日常生活中两个性格太相似的人却往往相处不太容易，斯莫利父子也未能例外。

斯莫利与母亲埃斯特的关系却是格外融洽的。母亲觉得自己父亲的名字"埃瑞特"与众不同，因此在小儿子出生后不久，她就决定把它放在儿子姓名的中间。另外她还大为崇拜12世纪末曾发动过第三次十字军东征的英国国王"狮心"理查一世，为此为儿子取名为理查。不过母亲并不信奉王权，况且她觉得自己是个美国人，自己儿子的名字，总得有点美国特色才对，于是她别出心裁地给儿子起了个绰号叫"总统先生"。从母亲给儿子起名的经过，我们可以看出母亲对儿子的一片爱心和寄予的无限期望。

斯莫利的母亲虽然早已嫁为人妇成了4个孩子的母亲，

斯莫利

走进科学的殿堂

但她还一直坚持继续学习，并于斯莫利刚刚步入少年的时候，取得了文学学士学位。此后，她又疯狂地迷上了自然科学，尤其是听完堪萨斯城

堪萨斯大学

阿基米德

达芬奇雕塑

科学巨匠

世界数学之都——普林斯顿大学

大学数学教授小诺曼·罗亚尔博士主讲的物理学发展史课程以后,更是

伽利略 　　　　　　　开普勒

牛　顿 　　　　　　　达尔文

科学巨匠

走进科学的殿堂

对科学着迷万分。她像一个发现新奇糖果的孩子，兴奋不已。她非常希望有人能够跟她一起分享心中的快乐，但丈夫成天都要忙于工作，显然无暇顾及妻子的兴趣。母亲想到了年龄最小的斯莫利，况且母亲潜意识里也一直都希望这位"总统先生"日后能有所出息。于是小斯莫利每天坐在母亲的膝盖上听她给自己"上课"，这已经成了他一天当中最大的乐事。从母亲那儿，小斯莫利第一次听说了阿基米德、达芬奇、伽利略、开普勒、牛顿和达尔文等科学巨匠的名字，这些闪着金光的名字犹如一把把开启智慧大门的钥匙，斯莫利觉得眼前有一种豁然开朗的感觉。

母亲是受小诺曼教授的影响爱上科学的，斯莫利则是受母亲的影响爱上科学的，斯莫利因此也就成了小诺曼教授间接的学生。

母亲不仅是斯莫利的老师，还是斯莫利游戏时的亲密伙伴。她陪儿子一起到池塘边去收集单细胞的生物体，然后把它们带回去放在显微镜下仔细观察。这架显微镜是父亲送给母亲的礼物，它带给母子俩无穷无尽的欢乐。母亲还陪儿子一起看书，看累了就一起聊天。从母亲那儿，斯莫利不仅学会了许多奇妙的思维方法，还懂得了如何去欣赏大自然的美、音乐的美、绘画的美、雕塑的美、建筑的美……

父亲在自家的地下室设立了一间木制品车间，斯莫利从父亲那儿学会了如何制造东西，又如何拆卸和修理一般的机械和电子设备。他从母亲那里学会制图以后，便开始自己设计一些小玩意儿，并把它们做出来。小斯莫利在这里享受到了动手和创造的无尽乐趣。有时父亲也在地下室和斯莫利一起工作，但更多的时候是斯莫利自己"独立工作"，而且往往一直干到深夜。地下室是斯莫利整个童年时代最喜欢的游戏天地，它大大地增加了斯莫利动手动脑的能力，为日后作为一个科学家奋斗在化学和物理学前沿打下了坚实的基础。

斯莫利从小就对科学具有隐隐约约的好感，但并未因而立下终身志向。在他14岁那年，世界科技史上发生了惊天动地的大事——1957年10月4日苏联成功发射了世界上第一颗人造地球卫星，实现了人类千百年来飞向太空的夙愿。这一事件极大地震撼了斯莫利，他从这一伟大历史事件中看到了科学技术将对人类社会发生巨大的作用，斯莫利从此下定决心要以科学为业，为人类造福。

此前，一直沉湎于钉钉凿凿游戏的斯莫利从来没有认真对待过学习。这时，斯莫利突然开了窍，决心要严肃认真地努力学习。他在家中那间没有取暖设备的阁楼里，制定了一个详细的学习计划，从此开始了刻苦的学习与广泛的阅读。

当时，堪萨斯城的公共学校学风极好，斯莫利所在西南高中更是全美统一考试成绩最好及升学率最高的学校之一。斯莫利的老师维克多·古斯塔是个非常了不起的人，他开始从事教学工作不久，对所教的学科充满了热情，他雄心勃勃地教好每一个学生，即使是班级里最捣乱的学生。斯莫利为此深受感动，学习也十分勤奋，况且比他大1岁的姐姐琳达现在与他同在一个班级。琳达学习成绩一直比斯莫利好，但以前不在一个班，斯莫利也不会觉得有什么难为情。现在情况大大不同了，如果自己成绩比姐姐差的太多，岂不有点难堪？斯莫利鼓足了劲要与姐姐一比高下。在学年结束时，姐弟俩是班里成绩最优秀的两个学生。姐姐倒没觉得有什么，但斯莫利从来没享受过这种荣誉，为此斯莫利一改以往学习中心血来潮、忽冷忽热的毛病，开始严肃认真、持之以恒地对待学习。成功给了斯莫利以超人的自信，上完高三以后，他已深信自己会在科学上有所成就了，尤其是第一次在化学上显露出来的天赋，更使他对

走进科学的殿堂

此深信不疑。这是他第一次接触化学，但他几乎是刚一接触化学就深深地被它引吸住了。不过，此时斯莫利还没想好自己今后努力的方向，因为他的物理成绩也同样优秀。

崇拜"巨人"小姨，走上科学之路

斯莫利很崇敬母亲和古斯塔夫老师，但他心目中真正崇拜的是他的小姨萨拉·杰尼·罗兹。萨拉是美国最早的女化学教授之一，也是斯莫利亲属当中唯一的科学家，在怀俄明大学化学系从事教学和研究工作多年，曾获美国化学学会加文奖。斯莫利对姨妈钦佩不已，把她称为"巨人萨拉"。1961年夏天，他在小姨的实验室工作了一段时间后，他立下志向：要像小姨那样走化学研究之路。

怀俄明大学

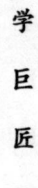

世界数学之都——普林斯顿大学

1965年，斯莫利大学毕业了。此时他作出了一个极不寻常的决定：先工作一段，利用工作的这段时间仔细考虑一下自己今后的研究方向。斯莫利在壳牌公司设在新泽西州伍德伯里的一家大型聚丙烯制造厂的质量控制实验室找到一份正式工作，他的第一个老板唐纳德对这位年轻的大学毕业生说："化学家能做任何事情。"这句话对刚刚走上工作岗位的斯莫利来说是个极大的鼓舞，他把这句话铭记在心，并且以他的实际行动来实践这句话。

在工厂工作的两年，大大开阔了斯莫利的眼界，丰富了实践经验，他工作得非常愉快。但他并没有因此忘记自己的初衷：回到学校继续学习。于是他向一些大学提出读研究生的申请，很快就得到了好几所一流学校的回信。但斯莫利并未按预定计划进入大学继续深造，因为此时越南战争正在升级，美国政府原先关于研究生可自动延期服兵役的规定被

普林斯顿大学一景

取消了。当时,美国国内掀起了一股反对越南战争的浪潮,斯莫利对这场不义之战也毫无好感。为躲避战争,斯莫利决定继续留在壳牌公司工作,因为美国政府规定了刚就业的青年可以在一定期限内暂不服役,他正处于这一期限之内。

在壳牌公司,斯莫利爱上了这里的女秘书朱迪思,他们于1968年5月结婚。婚后不久,考虑到延期服役的期限已满,继续留在壳牌公司已经没多大意义,于是斯莫利又向大学提出读研究生的申请。他选中了普林斯顿大学,并被录取,但他同时也被告知要做好服兵役的准备。幸亏妻子怀孕了,斯莫利又有了不必服兵役的新理由,使他又一次躲过了那场不义之战。工作、娶妻、生子,使斯莫利两次免于服役。如果当年他到了越南战场的话,也许早已经成了这场战争的牺牲品。

一腔激情搞科研

1969年秋,刚刚做了父亲的斯莫利踏进了普林斯顿大学的校门,开始攻读博士学位。他的导师埃利奥特·伯恩斯坦教授是一个具有敏锐眼光并充满激情的人,从他那里,斯莫利不仅学习到了系统的知识,更重要的是他第一次明白在研究中也是需要激情的。而原先他一直以为只要以严肃认真的态度对待研究工作就行了,从未想过还要倾注激情。现在他明白了:一个科学家如果对自己的研究事业没有强烈的激情,如果对自己的研究课题没有强烈的求索欲望,即使态度再严肃认真,也仅是一部只知按部就班精确运转的机器,不会有真正意义上的创新。科学探索经常要不循常规、不惧权威、不畏众议、不怕失败、不计得失,这需要有几分近乎疯狂的激情。从此,斯莫利也把他那无限的激情,全部投

世界数学之都——普林斯顿大学

普林斯顿大学一景

入到研究事业中去。

1973年，斯莫利获得普林斯顿大学博士学位。1976年，他来到休斯顿的赖斯大学从事研究和教学工作。1981年，以斯莫利为首的研究小组发明了一项新的实验技术——激光汽化氦气脉冲膨胀法，它的核心是一个能够产生小的分子集合的激光束流发生器。这虽然算不上什么了不起的大发明，但却是一项非常有效的实验技术。

克鲁托是英国苏塞克斯大学的教授，当时正在从事宇宙空间中红巨星的大气的研究，他通过光谱学的分析，认为在这些大气中含有大量长链的碳和氮分子。这些分子是如何在恒星大气中形成的？它们的分子结构是怎样的？克鲁托一直找不到合适的仪器设备进行实验。在1984年春天的一次学术会议上，克鲁托认识了斯莫利的助手柯尔，并参观了斯莫利发明的激光束流发生器，他马上认定这就是自己所需要的实验装置。

走进科学的殿堂

红巨星

石墨

科学巨匠

1985年9月1日,克鲁托来到赖斯大学,与斯莫利、柯尔合作共同进行研究。斯莫利将试样材料由金属改为碳进行实验,发现在实验装置的特定条件下,碳形成了一种他们从未见过的新分子——具有60个碳原子的碳60(C_{60})。

金刚石

在此之前,科学家们所知道的由碳原子形成的晶体只有两种:一种是石墨,在这种晶体中相邻的碳原子以六角形的层状排列;另一种则是金刚石,相邻的碳原子呈金字塔形排列。石墨和金刚石在一定的条件下很容易与其他物质发生化学反应,而C_{60}这种碳分子性质极其稳定,呈现出与之完全不同的化学特性。

斯莫利如同发现了一个新大陆,他的激情被完全点燃了,与克鲁托、柯尔等人组成了以他为首的研究小组，决心一定要探个究竟。首先，他们从探明 C_{60} 的分子着手。一定是 C_{60} 具有一种特殊的分子结构，因而决定了它具有特殊的化学性质。

在斯莫利后来对科学的深入学习和不断研究的过程中，深刻地明白了一个被无数科学家所认同的规律——一个精确的科学定理、公式和模型，同时也应具有一定的、美学的欣赏价值。斯莫利对于分子结构中广泛存在的一种美——对称美，既十分熟悉，又十分在意。所以斯莫利在设想 C_{60} 分子的结构时，把 60 个碳原子的排列设想为处在一个曲面上、互相链接形成的一个球体的闭合结构。这一模型不仅是美丽的，而且由于它是闭合型结构的，所以也就可以更合理地解释它为什么会具有不易和其他分子发生化学反应的性质。

初步的进展鼓舞着斯莫利等人，紧接着他们又对 C_{60} 的分子结构作第二步构想：60 个碳原子究竟是怎样在球面上排列的。开始，他们曾想通过先进的计算机模拟技术来构建 C_{60} 的分子结构模型，但没能取得成功。在这段时间里，这一难题一直困扰着斯莫利小组的每一个成员。斯莫利本人更是整日里苦思冥想，即使是在走路、吃饭时，他的脑海里仍然浮动着 C_{60} 球。一次休息时，斯莫利突然想起克鲁托曾和他的孩子一起玩搭建圆形拱顶建筑模型游戏的情景。由此他深受启发：自己一直苦苦思索的 C_{60} 分子结构不就与美国著名建筑设计师巴基明斯特·富勒为 1967 年蒙特利尔世界博览会设计的由多个正五边形和正六边角形拼接而成的那种球形网格建筑结构极为相似吗？从另一个角度看，C_{60} 的分子结构又恰似一个在绿茵场上滚动的由黑色五边形和白色六边形组成的足球。斯莫利连夜用纸片剪成一个个正六边形和正五边形，再把它们粘合在一起。第二天一早，斯莫利把这个用纸糊的"足球"带到了实验室里，克鲁托、柯尔看了之后，不禁为斯莫利丰富的想象力拍案叫绝。他们马上进行了实验和计算，当结果充分证实了斯莫利的 C_{60} 分子结构模型的科学性时，实验室里一片欢呼雀跃之声。

1985 年 11 月 14 日，以斯莫利为首的研究小组在英国著名的《自然》杂志上发表论文，宣布了他们获得的重大发现：碳元素的第三种晶体存在形式——由 60 个碳原子组成的空心笼状结构的分子 C_{60}。斯莫利

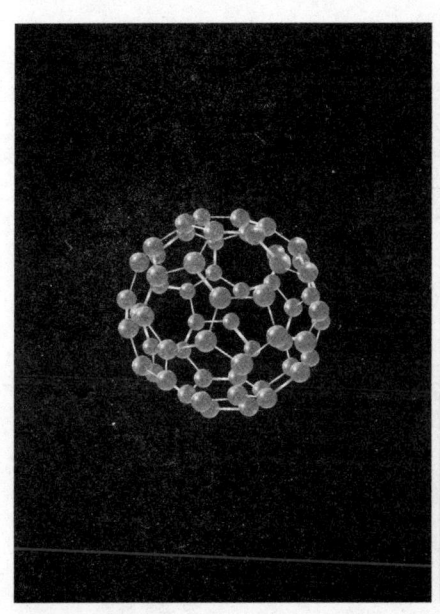

碳 60 分子结构　　　　　　巴基明斯特·富勒

等人把这种 C_{60} 分子结构以球形网格建筑发明人巴基明斯特·富勒的名字命名为"巴基球"和"富勒烯"。

近年来，科学家们已经研究发现：可以将其他原子装入内径约为 1 纳米的"巴基球"内，如加入铷原子和铯原子，就可以使其变成一种在零下 240 摄氏度条件下具有超导性质的物质。目前，已有人提出"巴基球"可用作润滑剂、催化剂和药物的释放工具……C_{60} 似乎在各个领域都隐

走进科学的殿堂

藏着应用的可能性。虽然目前人们还无法准确地确定它究竟有怎样广阔的应用前景,但仅就它的发现本身而言,就意味着材料科学的一场革命。

正因为如此,1996年的诺贝尔化学奖被授予了斯莫利、柯尔和克鲁托三人。

科 学 巨 匠

赤子之心

世界数学之都——普林斯顿大学

拥有一颗中国心

杨振宁教授是一位杰出的美籍华裔物理学家，同时，他对中华民族有着强烈的挚爱和崇高的爱国主义情怀，他为振兴中华在政治、经济、思想、科学、教育等方面的睿智深邃的见解，都深深地打动着中华儿女的心。

亲历苦难，目睹落后就要挨打

杨振宁于1922年9月22日出生在安徽省合肥市。他的祖籍是凤阳，清朝光绪3年移居合肥。父亲杨克纯（字武之）为他起名叫"振宁"。那时杨克纯是安庆县一所中学的教员。安庆旧名怀宁，杨振宁的"宁"就是取怀宁这个"宁"字。

在那时，合肥是一个很破旧的小城市，杨振宁的童年就是在合肥度过的。几十年后，杨振宁已经成为著名的科学家，回忆起当年的事情时说："现在只依稀记得很少的一些情景。记忆最深的是那时军阀混战，

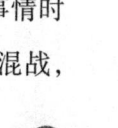

杨振宁

赤子之心

经常打到合肥来。我们常常要'跑反',跑到乡下或者医院里去躲避。因为医院是外国教会办的,在那里比较安全。我印象中最深的第一个记忆,是三岁那年在一次'跑反'后回到家中,在屋子角落里竟然看到一个子弹洞。"

杨振宁10个月的时候,父亲去美国芝加哥大学留学,6年后获得数学博士归国,先在厦门大学,后又到北京清华大学任数学系教授。杨振宁一家也随父亲一齐迁居到了清华园。

1937年抗日战争爆发时,杨振宁正在北京崇德中学读高中,全家辗转逃到昆明,在那里他又遭到了一次生与死的经历。"……1940年9月30日,我家在昆明租赁的房屋正中日本飞机投下的一颗炸弹,把我们仅有的家当几乎全部化为灰烬。万幸的是,全家人早已经躲在防空洞里,才免于不幸。几天之后,我带着一把铁锹回去,挖出了几本压变型

厦门大学

了的但仍可用的书本，欣喜若狂。今天已很难了解在那种困苦岁月里，几本书的价值。"这是杨振宁对中日战争的回忆。

清华大学

杨振宁亲眼目睹了旧中国的黑暗和帝国主义在中国的横行，在幼小的心灵也就早早地种下了自强的种子。那时的杨振宁已经完全明白了，那些侵略者为何如此猖狂，中国的落后使得他们在中国的土地上肆意横行。这些使他在心中深深地埋下了为中国人争一口气的伟大志向。

父母的教育

杨振宁的母亲杨罗华是一位非常善良、贤慧、勤快的妇女，她是杨振宁的启蒙老师。杨振宁在回忆时深情地说："我4岁的时候，母亲便开始教我认方块字，花了一年多的时间，一共教了我3000多字，现在我所认的字加起来估计也不曾超过那个数目的两倍。"

杨振宁的父亲于1923年考取公费留学美国，曾经在芝加哥大学获得过数学博士学位。相隔22年之后，杨振宁也在这所大学获得博士学位，不同的是他获的是物理学博士。

杨振宁的父亲是研究数论和群论的数学家，在清华大学任教时曾经是著名数学家陈省身、华罗庚的老师，他们在杨家经常讨论各种数学问题，这些对杨振宁有着潜移默化的作用。上高中时他就从父亲那里了解了群论初阶，在父亲的书架上摆满各种有关数学方面的书籍，有一本群论书中的美丽插图常使他着迷，引发了他的好奇心。以至于他在西南联大撰写学士论文时，用到了群论的知识。群论的无与伦比的神奇和力量，对于他日后倾心于对称原理的研究有着非常重大的影响，可以说父母对他的教育奠定了他从事科学研究的基础。他认为自己明显的影响（如学术知识）来自父亲；而不明显的影响（如精神、气质）则来自于母亲。

陈省身

幸福的大学生涯

1937年抗日战争爆发后，中国三所有名的大学：北京大学、清华大学和南开大学都迁址到云南昆明组成了西南联合大学，形成当时国内最大的教育中心。

几经周折，杨振宁以同等学历考入西南联大。西南联大聚集了当时中国最著名的科学家和教育家。十分幸运的是，杨振宁的授课老师都是中国近代物理学界的权威人物。赵忠尧教授讲授大学一年级的普通物理。赵教授是国内著名的实验物理学家，是最早接触正负电子对产生湮灭的中国学者二年级由周培源教授讲授力学，吴有训教授讲授电磁学，他们都是当时国内著名的学者。三年级时由张文裕教授讲授原子物理

北京大学

走进科学的殿堂

赤子之心

南开大学

学，张教授是著名。近代核物理大师卢瑟福的学生。刚从英国回来不久的王竹溪教授讲授量子力学，他讲课内容新颖，解释透彻，超过国外名牌大学的水平。

在西南联大对杨振宁影响最大的是王竹溪教授和吴大猷教授。吴大猷教授指导了杨振宁的大学本科毕业论文，引导他进入了一个极其神秘的科学领域，这个领域的核心是对称原理。这也为他日后获得诺贝尔物理奖作出了正确选题。

卢瑟福

132

世界数学之都——普林斯顿大学

王竹溪教授是杨振宁硕士论文的指导者，在教授的指导下，他写了一篇关于统计力学的论文。这篇论文把杨振宁引导到了统计力学的领域。在以后的40多年中对称原理和统计力学一直是杨振宁的研究主题。

西南联大的教育风气是非常严谨的，老师又都具有一流水平，杨振宁天赋极高，又勤学好问，为以后的科学研究打下了非常坚实的基础。可以说杨振宁的诺贝尔奖是在美国拿的，但基础是在中国奠定的。

在西南联大上学的时候，杨振宁很快悟出了一些物理学家独特的风格。他非常佩服相对论的创立者爱因斯坦以及费米和狄拉克，他们三个人虽然国籍不同，研究领域也不一样，治学方法和思维方式也不尽相同，但他们都能从复杂而纷乱的物理现象中找出其精华，然后把这种精华通过很简单的数学方法表示出来。他们洞察物理世界的方法是单刀直入，正中要害。这种风格后来也成了杨振宁的风格。

杨振宁起初认为实验是物理学的基础，于是他决定做费米的研究生，先从实验着手。但是他的特长并不在实验方面。经过一年多的工作，杨振宁发现自己的动手能力是很差的，当时他所在的实验室有一个笑话："凡是有爆炸的地方一定有

狄拉克

走进科学的殿堂

杨振宁。"

或许,他真的并不擅长动手。还在厦门上小学时,有一天,他兴致勃勃地用泥做了一只"公鸡",拿回家给父母看,父母亲看后,哈哈大笑,说:"不错!不错!是一段藕吧!"当然这只是童年生活中的一个小故事。后来的事实证明,杨振宁的特长是在理论研究方面。

有一天,被誉为"氢弹之父"的泰勒教授来看杨振宁,泰勒知道杨振宁做实验不太成功,便告诉杨振宁不一定要从事实验工作,应该发挥在理论研究上的专长。

泰 勒

杨振宁听了泰勒的一番话,心里很矛盾,他确实想在实验工作上有所成就。经过两天的考虑,分析了自己的长处和不足,他最后终于决定转向理论研究。在泰勒教授的指导下,杨振宁完成了《核反应》的博士论文,并获得博士学位。1949年与费米共同写了《介子是基本粒子吗?》这篇文章,它是后来著名的坂田模型的基础。这时杨振宁已经走到了理论物理的前沿,等待他的是一项重大的突破。

赤子之心

134

感受中国人受到的屈辱

1945年,西南联大研究生毕业的杨振宁通过努力考上了公费留学。在美国,他逐渐地知道了华人在美国的早期的悲惨历程,是浸透了难以用语言形容的偏见、迫害和杀戮的历史:

1878年,特拉基镇的中国人全部被集中起来,赶出了该镇。

1885年,25名华人在怀俄明州石泉镇被凶残屠杀,还有很多人受伤,被逐出家园。

1886年,俄勒冈州的木屋镇又发生一起野蛮的屠杀。

……当他读了贝蒂·李·宋对这一段历史的描述之后,心情难以平静。历史的悲剧是经常反复出现的。

怀俄明州风光

走进科学的殿堂

俄勒冈州风光

20世纪60年代初的一天晚上，杨振宁去布鲁海文实验室的路上，乘火车从纽约去帕巧格。他又一次目睹了身处异国他乡的中国人的悲惨境地。夜已经很深了，摇摇晃晃的车厢内空荡荡的，一位中国老人坐在杨振宁身后，他们随便谈起来。那老人是浙江人，大约生于1890年前后，旅美已经50多年了，有时以洗衣为业，有时给餐馆洗碗碟。他没有结过婚，总是一个人孤零零地住在一间屋子里面。他对人十分友善。车到贝肖站，老人蹒跚地顺着灯光惨淡的过道走到车门口，颤巍巍地下了车。

看着他那孤单的背影，杨振宁心里酸楚：难道他就如此麻木，在他的心里就没有痛与恨吗？不！只是因为他没有力量去争取那些本属于中国人的尊严。望着车窗外远去的老人，杨振宁心里充满了悲哀和愤怒。

力量！力量！中国人的力量在哪里？

还有一件事更是深深地刺痛了杨振宁的心。那时杨振宁已经与杜致礼结婚了，在普林斯顿高等学术研究所工作。他们想在普林斯顿附近的一个住宅区内定购一所新房子，于是就向业主交付了几百美元的保证金。几周后业主将保证金退还杨振宁，因为业主担心中国人在这里居住会给他出售住宅带来不好的影响。杨振宁夫妇非常愤怒，忍无可忍，马上去找律师。然而律师却劝他们不要起诉，因为律师深知，美国的法律

普林斯顿大学一景

是不会保护华人利益的，胜诉的机会是零。

受人歧视的事并不起于今日，中国人百年的耻辱仍然要当代的中国人承担！

在美国的各民族当中，除了印地安人以外，没有其他的少数民族曾受到像中国人所遭遇到的无理迫害。

走进科学的殿堂

杨振宁开始沉思了,他咽不下这口气,一定要用自己的行动证明中国人的存在。

坚持不懈取得胜利

杨振宁在物理学方面的成就是与李政道一起推翻了宇称守恒定律。很长一段时期以来,科学家们一致认为,宇称守恒定律是关于微观粒子体系的运动或变化的定律,用来判断某种核反应或基本粒子过程是否发生。早在1945年西南联大时他们已对这一定律进行了某些推测。后来在普林斯顿高级研究院相遇后,继续合作从事这一定律的研究。1956年他们取得了惊人的突破,首先从理论上指出:至少在基本粒子弱相互作用的领域内,宇称并不守恒,因此宇称守恒定律并不普遍适用。这一发现后来被吴健雄等人在实验中加以证实。

李政道

杨振宁与李政道的关于宇称守恒定律并非普遍适用的发现开创了深入研究微观粒子的新道路,曾经轰动了整个物理学界,因此于1957年共同获得诺贝尔物理学奖金。

学生们常问杨振宁，物理研究要取得成功，有哪些要素。杨振宁说，它们可以归结为三个"P"，即 Perception, Persistence 和 power。

Perception 指的是眼光。看准了的东西要抓住不放。

Persistence 指的是坚持。看对了的要坚持。以爱因斯坦为例，他在 1908 年看准了看对了，要写出一个很大的对称性的方程来解释引力。经过七八年的刻苦努力，终于在 1921 年建立了广义相对论。这就是坚持到底而取得胜利的典范。

Power 既指能力、精力，更指力量。有了力量，遇到困难才能够战胜它。

杨振宁认为，一个物理学家只要有眼光，能坚持，又有很大的力量，他获得成功的机会就非常大。

杨振宁主张青年要兴趣广泛，知识面要宽，不主张读死书。杨振宁说，中国的一些古话不足为训，比如"十年寒窗"之类就是。他认为，一个人读书觉得很苦的话，要想把学问做好，要出研究成果，恐怕是很难的。学习是一种即复杂又细致的精神活动，单凭责任感和义务感是不能激起灵感的。只能灌输知识，不会激发学生学习兴趣的教师，只不过是个蹩脚的教书匠而已。

杨振宁经常向他的学生们讲直觉的重要性，而且强调直觉是可以经过训练而加深的。他说一个人，无论是大学生、研究生、教授或普通人，都应当培养自己的直觉、相信自己的直觉。如果发现直觉与现象或原理或新知识有冲突，那是最好的使自己直觉深化的时候，这时如果能把冲突原因弄明白，会有更上一层楼的效果。这是不容怀疑的事情，马马虎虎、随随便便就相信书上所写的或别人所说的话，这种态度是不可取的。

杨振宁说，做研究不能老跟着别人走，要有自己的想法。老随人走的研究工作，不大可能有所建树。这当然不是一开始就要独树一帜不可，那是不可能的。学问是从点滴开始积累起来的，所以必须先学习别人所做过的东西，然后才能有自己不同他人的见解。不过，在学习到相当程度以后，就要发挥自己的见解，不能老跟着当时的"权威性"的看法跑。

因此，杨振宁认为研究一个问题，一定从头做起，并不是先去看别人的文章。做了一段时间，遇到困难，再去看看别人怎么做的。这样才能很好地吸收别人的长处解决自己的困难。

我为我是中国人而骄傲自豪

1957年12月11日，两个年轻的中国人杨振宁和李政道一起，登上了诺贝尔物理奖的领奖台，这是中国人第一次登上象征着科学界最高荣誉的奖坛。亿万中国人为此感到欢欣鼓舞和无比自豪，他们看到了中国人重返世界科技领先地位的曙光。

多年后，杨振宁才意识到，他的获奖不只是他个人的事，而是对许多中国人都非常有意义的事情。那是1960年，杨振宁和妻子一起去巴西访问，200多位华侨打着旗子到机场迎接他们。这些人与杨振宁素昧平生，是当地经商之人，这件事使杨振宁很受感动。当有人问到他一生中最大的贡献是什么时，杨振宁说："我一生中最大的贡献就是帮助中国人克服了认为自己不如别人的心理。"

在诺贝尔奖晚宴上的演说中，杨振宁以叙述自己求学过程向世人展示了中华民族百年的苦难历史和自强不息的奋斗精神。杨振宁告诉与会

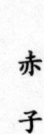

者，在1901年诺贝尔奖开始颁发的那一年，在中国也发生了一件具有重大历史意义的大事，而这件事对他个人的生活方向有决定性的影响，并与今天参加诺贝尔典礼有很大关系，那就是中国的义和团运动和八国联军侵略中国。这场战争后在1901年签定不平等条约即辛丑条约，中国人必须付给列强几千万两白银，这是一个相当惊人的数目。大约10年以后，美国决定将属于它的那一部分赔款在中国办两件事，一是支持清华大学，另一部分作为支持中国学生到美国读书的奖学金。自己（杨振宁）就是这两项计划的受惠者。

杨振宁平静地叙述着："不过，今天我站在这里告诉你们这些事情，仍然是要说明我对于我具有中国的传统和背景，一如我对于源起于西方人类文明一部分的现代科学的投入。同样地感到骄傲，我已然投身于科学而且将继续工作下去。"

杨振宁的讲话是一个对世界的宣言，宣告了中国已经一扫多年的耻辱，在科学技术领域内强大起来。

不变的中国心

杨振宁获得诺贝尔奖以后，第一个举动就是给当时远在加拿大的昔日老师吴大猷教授发函："我一直想感谢您，也许今天把这个消息告诉您是最好的时机……"

杨振宁对老师的深情厚意表达了他始终不忘老师精心培养和引路之恩，更是对民族传统文化的宏扬。无论走到哪里，他的中国心从未改变。

1964年春，由于种种原因，杨振宁加入了美国国籍。那时他已经在美国生活了19年，然而决定申请入美国籍并不容易；在中国传统文化里成长起来的杨振宁做这样的决定尤其不容易。一方面，传统的中国文化中根本就没有长期离开中国移居他国的观念，移居他国曾一度被认为是彻底的背叛；另一方面，中国曾有过辉煌灿烂的文化历史，她近100年来所蒙受的屈辱和苦难在每一个中国人的心灵中都留下了极深的

加拿大一景

烙印，任何一个中国人都无法忘却这100多年的历史。杨振宁的父亲直到临终前还对杨振宁加入美国国籍不满意，在心底的一角始终不能原谅他。

其实杨振宁始终有着一颗中国心，他在中美相对峙的几十年里，无时无刻不在关注着祖国的一切，并且在1971年7月20日，成为第一个访问中国的美籍华人学者。他先后与毛泽东主席、周恩来总理以及各界人士进行了会谈，他为祖国的科技、教育、中美关系的发展、中外科技

和文化的交流做了大量的工作。

他在关心国家大事,也关注平常人关心的问题。

在香港有这么一个故事。

杨振宁在香港外出办事,搭了一位女司机的出租车,女司机在 20 世纪 50 年代在北京念中学,后来移居香港,因此能说一口流利的北京话。杨振宁感到格外亲切,于是他们便攀谈起来。当女司机得知杨振宁在美国任物理学教授时,便把心头上的一件难事说了出来让杨振宁帮她拿个主意。

毛泽东主席

事情是这样的:她的儿子在复旦大学物理学系上学,想出国读书。但是出国竞争很激烈,儿子觉得自己没有希望通过,因此很苦恼,就自己联系了一个大学,但需要花七八万港元。

杨振宁想了一下,又了解了一下她儿子的情况,说:"这所大学的名字我不熟悉,肯定不是一个很好的学校。我认为复旦大学要比那所大学好,应该在复旦大学上完大学后再去美国读研究生。这样吧,我给您儿子写个条吧!车很快就到了目的地,杨振宁立即取笔写了一个条子:

"我叫杨振宁,我有两点看法:一、复旦大学是第一流的大学,你在复旦念的物理较美国任何大学本科念的物理,可以说只会好些,不会差些。

"二、你在复旦毕业后,许多美国大学会接受你读研究生,并提供助教位置,不管你是公费还是自费去的,因为复旦在美国是很有名

复旦大学

气的。

"我认为这是你学物理最好的道路。现在急急忙忙随便进一所大学对你一点好处也没有。"

司机接过条子，竟不敢相信站在自己面前的是世界著名的大物理学家杨振宁。

回国省亲

20世纪70年代之初，一位当年曾培养华罗庚等一批著名科学家的复旦大学老教授杨武之，住进上海的华山医院，而且病情不断加重。老人在病中，一直有一个心愿，那就是能见一见在美国的儿子——这个父亲引以自豪的儿子——就是著名诺贝尔物理学奖的获得者杨振宁博士。

与此同时，在美国的杨振宁博士已获悉父亲病重的消息，这位被世人称为"是自爱因斯坦和狄拉克之后 20 世纪物理学出类拔萃设计师"的美籍华人，不仅因为父亲，在中国还有他的其他亲人、亲戚、老师和朋友，他多么希望能再见到他们。可是，因为美国国务院曾有过"美国公民不可到中国旅行的禁令"。一道禁令，如同一道不可逾越的鸿沟。尽管这位世界知名学者能攻克人类科学难题，但面对这道人为的，因为政治因素制造的难题，他却显得无能为力。他只有焦急而又满怀希望地等待。

上海一景

1970 年，中国的"乒乓外交"轰动了世界。长达 20 余年的中美隔绝找到了桥梁。接着,美国朝野上下都在议论美中利益问题。大约就在杨振宁接到父亲病重的消息不久,美国正式解除了美国公民不可到中国旅行的禁令。

杨振宁听到这消息,他有说不出的高兴。从1964年加入美国国籍,他便成为了一个美籍华人。美籍护照在口袋里,"华人"这个字眼,就写在他的脸上,每每想起祖国,想起父亲的话,他就一肚子的话要表达自己那充满彷徨矛盾的心情。所以,当他一获得美国国务院的解除令后,马上给父亲发去电报,表达了回上海探亲的愿望。

上海华山医院,杨武之收到了儿子的信,高兴得难以言语。但转即又陷入困惑。困惑的是如何来使手续办得更妥贴。因为据大家打听,美国国务院发出解除令后,目前只有个别普通公民来中国旅行,而像这样一位世界著名的大学者、诺贝尔奖的获得者来中国,还是首例。

当时,对于这样的一位重要人物的来访。需要逐级请示。

杨武之心情迫切,考虑再三,他决定给国务院写信,以一个父亲、一个科学家和一个中国人的名义,提出要求能批准儿子回来探亲的报告。

这封信受到了政府部门的高度重视。它得到周恩来总理

周恩来

世界数学之都——普林斯顿大学

的具体指示。不久，杨武之就得到一个满意答复。是周恩来打开了中美关系这把生锈的锁，同时也是周恩来的直接关照才使杨振宁成为中美"解冻"之后美国知名学者到中国访问的第一人。

1971年夏天，当法航飞机平稳地在海虹桥机场降落，当沉稳、腼腆和举止优雅的杨振宁博士踏出舱门时，26年前就熟悉的长江江水和梧桐气息，马上扑面而来，他看到了熟悉的黄皮肤、黑头发同胞亲切和蔼的笑脸。同时也同祖国之领袖人物毛泽东、周恩来、邓小平结下了不解之缘……

1971年，杨振宁的中国之行被这个大国总理时刻关心着。他先让中科院和教育部安排杨振宁回上海，在华山医院探望父亲。父亲比6年前在香港相逢时苍老许多，但他的话是清新的：

邓稼先　　　　　　　　周培源

赤子之心

"要把目光放远一些,要看清历史演变的潮流!"

杨振宁顺从地点了点头。他明白父亲的话的含义,也深切地理解肩上的责任。

在总理过问下的中国之行,杨振宁开列了一张希望会见的人员名单。上面有他的亲人、朋友、老师和挚友。显然,他感到了满意。这项工作,又是在总理的首肯下进行的。

在北京,他会见了少儿、小学和大学的挚友邓稼先。在北大,他还见到敬重的老师吴有训、周培源、王竹溪和同窗好友黄昆教授。

在中国科学院原子能研究所,也就是后来更名的高能物理研究所,他又见到老师张文裕、赵忠尧先生。

他还首次见到自己的岳父、前国民党高级将领杜聿明先生和岳母曹秀清女士。见到了岳父岳母,杨振宁才知道,周恩来总理在此之前,已对他伸出了关注之手。

普林斯顿一景

杨振宁同杜将军的女儿杜致礼女士是在 1950 年结婚的。在此之前，杨振宁从西南联大研究生毕业在联大教附中时，杜致礼是他班上的学生。1947 年底，杜致礼陪父亲到美国就医。不料，在上海临行之前，杜将军得罪了蒋介石，被吊销护照，年仅 18 岁的杜致礼只好单身前往美国求学。1949 年，杜致礼在美国普林斯顿一家饭馆吃饭时，巧遇了杨振宁，一年后结成伉俪。在这之前，杨振宁还没见过岳父岳母。

1957 年，杨振宁获得诺贝尔的消息传到北京。周恩来总理就派人将这一消息传递给在北京功德林监狱的杜聿明。

杨振宁的老师张文裕教授受总理之托前往功德林一号看望了杜聿明，告诉了他这一消息。杜聿明对女婿获得这一荣誉十分高兴。当场欣然提笔，给杨振宁写了一封祝贺信：

"亲爱的女婿：我祝贺你获得诺贝尔奖金，这是中华民族的光荣。杜聿明，即草。"

信被张文裕教授捎到美国，成为杨振宁获奖后来自故乡最亲切的祝贺。

杨振宁给岳父回了信，并从台湾把岳母接到美国一起生活。1963 年，曹秀清辞别女儿、女婿回到北京。

1971 年夏天。北京人民大会堂冷暖适度的大厅里飘散着清新的柠檬香。一双巨人的大手和一双灵巧的科学家的手握在一起。

"欢迎你远渡重洋回到祖国来！"

"感谢你！您是我们华人日夜思念的总理！"

两双大手摇晃着，这是周恩来总理同杨振宁的第一次握手。

宴会上，宾主之间洋溢着友好、轻松的气氛。

走进科学的殿堂

人民大会堂

席间，周恩来拉着曹秀清说："您坐到女婿旁边去，丈母娘最爱女婿的嘛！"

大家都乐了。当场作陪的有中国科学院院长郭沫若、教育部长刘西尧、著名科学家周培源等人。席间三小时讨论，宴会后的两小时会议，多数是周恩来总理在询问。

美国的政治情形如何？经济情况怎样啊？还有学生运动、大学改革、黑人运动、失业问题、选举问题、美国对日本的态度等。

杨振宁一一作答，谈了自己的看法。亲切的会见结束时，周恩来留下一句话："有了第一次就有了第二次。明年欢迎你再来。随时都欢迎你回来。等你有了发言权了，我们再谈科学问题。"

此时，杨振宁才明白，为何席间周总理没有同他交换科学问题的看

法，原来这位大国总理是在同他另约时机。

1972年，杨振宁如约而来，他又与周恩来见面了。

这一次，周恩来诚恳地请杨振宁就中国的科研、教育提出意见和建议。

杨振宁结合他在上海和北京的参观访问，坦率直言："中国教学科研中重视理论和实际的结合，这是好的。在经济比较落后的条件下，这也是必须的。但是，目前中国理工大学不重视基础教学和理论研究，这是目光短浅的表现，应引起重视。在科研机关里，也存在着不重视基础理论的倾向……"

针对当时把大批知识分子下放到农村、工厂从事体力劳动，成为"改造对象"，他说了自己的痛心和担忧。

杨振宁提出：如果要在国际上获金牌，那么在中国科研经费匮乏的情况下，应当发展不要花大钱的科目，如拓扑学的研究等。

他诚恳地建议，要落实知识分子政策："大学招生只收工农兵家庭的子女不利于团结知识分子。"

他还列举了张文裕教授的例子。张文裕、王承书夫妇于1956年毅然回国，他们独子张哲由于出身知识分子家庭，所在工作单位不同意他报考大学，张、王教授非常不安。

杨振宁同周恩来越说越投机，周恩来热情、诚恳、谦虚，给他留下了深刻印象。同时也让他感觉到故乡的亲切和祖国的信任。

就在这次谈话之后，杨振宁回到美国，但他很快得到下列信息：

由周培源先生组织中国拓扑学列入课题。

张文裕、王承书的孩子被允许报考大学。

一批本来应该到干校的知识分子被留下来从事研究工作……

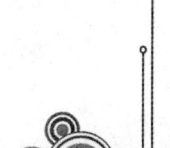

走进科学的殿堂

信任、感激和交流,这种无形的精神之桥就在一个海外游子和大国总理之间悄悄建起。杨振宁的祖国之门被周恩来打开了!

多少年之后,杨振宁成了故乡的常客,而且成为中国科研与进步的一部分时,他最为留念的一个人就是周恩来。

1976年1月8日,周恩来不幸去世。美国东部各界举行了1700多人追悼周恩来总理大会,杨振宁怀着沉痛、尊敬的心情致了长长的悼词……

杨振宁在20世纪70年代多次访华。在这扇打开的大门里,他最难忘的恐怕是1973年的这一次。

这一次归来,父亲去世;这一次归来,他见到了历史的巨人毛泽东。

1973年夏天,在杨振宁第四次回国访问期间,他提出要见毛泽东主席。在一个深夜,他突然接到电话,并有一辆车将他接走。

就在这个夜晚,毛泽东主席在他的书房会见了这位著名的科学家。新华社向全世界发布了这一消息,全文如下:

新华社北京1973年7月17日电我国人民的伟大领袖毛泽东主席,今天下午会见了前来探亲、访问的美籍中国物理学家杨振宁博士。

毛主席在中南海自己的书房里,同杨振宁博士进行了一个多小时极为亲切的谈话。参加会见的有国务院总理周恩来和中国科学技术协会副主席周培源。

毛主席会见外籍中国科学家,在新中国的历史上还是第一次。国内外社会舆论非常关注这次会见,纷纷推测毛主席与杨振宁会见究竟交谈了些什么?

赤子之心

世界数学之都——普林斯顿大学

中南海

杨振宁在毛主席与他会见之后，随即启程前往日本参加一个高能物理会议。之后，他又从日本再度飞抵香港，然后再由香港飞抵大陆继续进行访问。其间，不少记者追逐着采访杨振宁。杨振宁分几次坦露了他与毛主席交谈的情形。

有了自己的"祖国立场"

杨振宁的"祖国立场"的确给他带来了风险。

1971年，杨振宁刚从中国返美，便受到了美国联邦调查局官员的讯问。因为中美关系尚未解冻，双方的大门上只开了一条缝，杨振宁对这一问题回答十分坚决:"在中国,我的父亲、母亲、弟妹们——我的亲属们都在那里,我的许多朋友在那里,我想念他们,所以我要去看望他们……这并不违犯美国法律!"

顶住了美国这种所谓"公开"的讯问,但杨振宁却挡不住台湾当局的秘密活动。

从1971年起,台湾当局也通过各种渠道搜集杨振宁的活动情报。

在1973年的《中共年报总目录》中,几乎提到了杨振宁每年访大陆的一举一动、会见的每一个人和在世界各地的每一次关于中国的演讲。

到了1979年5月,前苏联情报部门插手的《苏联文集周报》,以杨振宁的作法"将影响中苏、苏美关系及世界力量对比组合",公开攻击污蔑杨振宁是"中国派去美国的第五纵队之首"。

来自美、苏、台湾的种种压力,都没有动摇杨振宁沟通祖国、关心民族发展的决心和信心。

几乎从第一次访问开始,他就在为中美邦交正常化搭桥铺路;

几乎从第一次访问开始,他就在为中美科技、教育和文化交流穿针引线;

在以后一年一度的访问中,他不仅给中国决策者提出了许多宝贵的建设性意见。同时,他又把中国的变化和情况向美国和其他的地方作了全面的介绍。

20世纪70年代末,杨振宁的名字在全美华人中几乎同祖国联系在一起。他不仅是来中国访问的第一个华人科学家,他也是次数最多的来访者。他被推举为全美华人协会主席。

从一次又一次的访华中,从中美对世界的重大反响中,杨振宁越来越感受到自己的责任。

1977年2月，杨振宁在美国以"全美华人协会"负责人的身份与他人共同成立了"全美华人促进美中邦交正常化委员会"，并以8000美金的代价在《纽约日报》刊登全页广告以告天下。

最使杨振宁忙碌的是美国于1979年元旦宣布与中国建立正常关系，邓小平夫妇访问美国时。获悉中国"打不倒的小个子"重新恢复工作，并亲自访美，杨振宁又在《纽约日报》刊登大幅广告，表示全美华人的欢迎之情。

1979年1月30日，杨振宁组织全美华人协会、全美各界华人和美

华盛顿一景

中友好协会在华盛顿举办盛大宴会，欢迎这位致力于中国改革开放的领导人。

红色的灯笼，巨幅的标语，杨振宁怀着喜悦的心情亲自迎候邓小平

走进科学的殿堂

邓小平

夫妇的车队。两人相见，杨振宁仔细端详，百感交集。在过去访华的岁月里，他同这位富有朝气的领导人交谈过，也听到许多中国知识界对他的好评。这次远在异国相见，两人格外亲密。

邓小平夫妇落座，杨振宁亲自致词《建起友谊桥梁的责任》：

"邓小平总理，邓夫人，各位来宾：……为了写今天这个简短的讲词，我花了很多的时间，稿纸一张一张地被送到纸篓里面……"

杨振宁这段开场词，是他心灵的真实写照。他想得许多，这正如他在讲词中说的，他想到几千年来的中国、想起了他在北京上学参加的纪念"一二·九"活动，想到1971年中美建交以来所作的许多工作。所以，他预料，历史的潮流不可阻拦，未来的中国将不再是弱国，而且预料到邓副总理的访问，"将是近代中美关系史上的分水岭"。

演讲到此，杨振宁深情地举起酒杯，再次致词欢迎邓小平和夫人的光临：

"为了庆祝中美建交，为了庆祝邓副总理和各位贵宾的访问，我们和美中友好协会合办了今天的宴会。我们要感谢邓副总理接受了我们的邀请！"

"邓副总理：您的光临使得在座500位主人每人都感到自己在中美建交这个划时代的历史事件中，出了少许的力量，也在美中两大民族间的友谊桥梁的建筑过程中，放上了几块小小的基石！"

杨振宁的话，引起了全场的掌声、碰杯声和欢笑声。

邓小平和夫人热情地接受了杨振宁和大家的祝福，并在答谢词中，高度赞扬了杨振宁领导的全美华人协会等其他组织为中美邦交所作的努力！

那一天华盛顿的重要新闻，是中国人的新闻。

那一天的导演者，是中国人民的儿子杨振宁……

生活趣闻

"禁闭"风波

杨振宁一进入科学王国，便立即开始了阅读、思考、演算，而忘记了一切。

有一次，图书馆闭馆的铃声响过了，管理员吆喝了几嗓子，催促大家快收拾好东西离馆。可是，杨振宁全然没有听见。管理员又喊了一声"里面的人也快出来吧！"书库里静悄悄的。管理员以为杨振宁已经走了，就锁上了大门。后来，杨振宁主动向管理员表示歉意，管理员才知道他把杨振宁关了一夜"禁闭"。

"严"字当头

杨振宁以治学态度老实、严谨著称于学术界，所以他毫不含糊地要求助手和学生，要做到老实、严谨。他经常谆谆教导学生说：

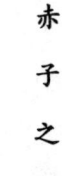

走进科学的殿堂

"研究科学需要老实、严谨的态度。老实，就是光明磊落，对名利绝不斤斤计较；懂就是懂，不懂就是不懂，不要不懂装懂。严谨，就是细致的科学作风，容不得半点马虎。"

有一次，一位研究生在讨论会上做专题报告。讲着讲着，他偷起懒来，信手从其他地方引用了一个定理。

"咦，怎么蹦出这个定理？"杨振宁皱皱眉头，严肃地质问说："你查对过原著吗？"

"没……没有。"那位研究生没料到老师会当场"将"他的"军"，红着脸老老实实地承认说，"我是从一篇著作中转引来的。"

"这是不允许的！"杨振宁循循善诱说，"天下之事，必作于细。引用文献，一定要查对原著。做学问决不能打马虎眼。"

从此以后，那位研究生时时用老师的话告诫自己，一步一个脚印地做学问，搞研究。

赤子之心

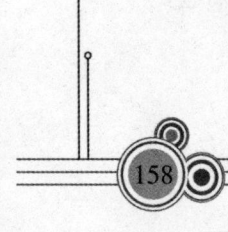

世界数学之都——普林斯顿大学

人民的数学家

华罗庚（1910—1985）著名数学家，江苏金坛人。

青少年时的不幸遭遇

金坛县城是坐落在古运河岸边的一个小镇。镇上有一家名叫"乾生泰"的小杂货店，平日里卖些日用杂品，还代人收购蚕丝。当时正是军阀混战的年月，百业萧条，民不聊生，小店终日冷冷清清，光顾的人寥寥无几。春天收蚕丝的季节一过，更没有多少生意可做了。

1910年11月，一个寒风呼啸的冬夜，华罗庚降生在这座小店的后屋里，他父亲华老祥拿过一个箩筐把孩子轻轻往里一放，又在上面扣了个箩筐，嘴里顺口念道："进箩避邪，同庚百岁，就叫罗庚吧！"

父亲经营小店，母亲忙于家务，很少有功夫过问孩子的事情。小时候，华罗庚很顽皮，碰到镇上演戏，一看

青年时期的华罗庚

就是半天；有时竟跟着戏班子跑到外乡去了，害得父母四处找寻。小学毕业后，他进了金坛中学，照样贪玩，被老师看做"笨货"，常常要挨戒尺，受体罚。可是，刚从上海大同大学毕业回乡的数学教员王维克却发现华罗庚在数学方面天赋很好，很有培养前途。他的数学作业看去很不整洁，涂改得很乱，但细心的王维克经过一番仔细研究，却看出那些涂改的地方是在有意探索解题的多种路子。

有一天，数学课堂上，王维克老师给学生出了一道有趣的难题："今有物不知其数，三三数之剩二，五五数之剩三，七七数之剩二，问物几何？"

"23！"老师的话音刚落，华罗庚的答案就脱口而出了。

同学们朝华罗庚投去了惊疑的目光。一向被大家认为呆头呆脑的华罗庚，居然准确而又迅速地解决了这一难题，真是出乎意料！"怎么，你看过《孙子算经》？"王老师问道。他刚才讲的是一道相当难解的历史名题，较早问世的《孙子算经》首创了解这个题的定理，叫中国的剩余定理，后来传到西方，被称为"孙子定理"。

"我没有看过，也没有听说过《孙子算经》这本书。"华罗庚如实地回答说。

"那么，你的答案是怎么得出来的呢？"

"我是这样想的，"华罗庚说。"三三数之余二，七七数之余二，余数都是二。因此我想，这道题的答案可能是 $3 \times 7 + 2 = 23$，用五除之也正好余三。所以23就是所求的数了。"

王维克听着，被这个14岁孩子的聪明智慧惊呆了。这以后，王老师常把华罗庚带到自己家里，指导他学习数学。他对数学的兴趣越来越浓，接连读了好多种数学书。有一次，他从王老师那里借到一本美国人著的《微积分》，不到10天就读完了。

正当华罗庚在数学知识的海洋中遨游的时候，贫穷造成的灾难降临了。初中毕业后，因为交不起学费，他不能继续升高中。以后他考取了上海中华职业学校，打算毕业后谋个会计之类的职业养家糊口，可还是因为拿不出学费停学了。

在家里，他一面帮助父亲经营小店，一面继续坚持自学。白天坐在柜台里，抽空就埋头读书、演算；夜晚在昏暗的煤油灯下，继续入迷地读着、算着，有时一直到天亮。

这年腊月年底，乡下人纷纷进城办年货，小店多少有了点生气。一天晌午，天上飘着雪花，一位顾客走进门来，抖了抖身上的雪片，朝柜台内的华罗庚问道：

"喂，线要多少钱一支啊？"

"835729。"华罗庚正在演算着数学题，根本忘记了卖货，顺口就将演算的数字说了出来。

"什么？"顾客觉得奇怪，这是什么价钱呢？他指着货架大声喊道："线——多少钱一支？"

"835729。"华罗庚依然埋头演算着。

他父亲华老祥听见后，从后面跑到柜台前招呼顾客，可那人已经摇着头走了。

父亲满脸怒气，一把抢过儿子手中的书本，劈头盖脸地训斥道："你整天抱着这些个'天书'看，有什么用呢？我们是小本生意人家，又不是书香门第，飞不出金凤凰！"

华罗庚慢慢地从数学中清醒过来。

"人生在世，最要紧的是吃饭。像你这样，怎么能做买卖？真是个呆子！"父亲气呼呼地吵嚷着。

这样的事不只出现过一次。有一回，华老祥居然要烧掉他那几本数学书，幸好母亲赶来解劝，才算保留了下来。

华罗庚18岁的时候，王维克从法国留学回来，担任了金坛中学的校长。他立即聘请华罗庚作了学校的会计，第二年春天，又聘他当了一年级的数学教员。

然而，没有上几天课，又一场灾难降临了。

当时，金坛瘟疫流行，华罗庚染上了伤寒。尽管父母变卖家产为他治病，可吃下的药如同泼在石头上一样，丝毫不见效果。当地一位有名望的老中医看后，摇了摇头说："不用下药了，他想吃什么，就给他点什么吃吧！他剩下的日子不多了。"

一家人望着奄奄一息的华罗庚，泣不成声，心都碎了。

没想到，华罗庚在病床上躺了6个月，居然挣脱了死神的魔爪，站起来了。人是活下来了，可他却落下了终生的残疾——左腿变瘸了。

为了给他治病，家里的东西全当了，连妻子结婚时的首饰也卖了。如今家中一贫如洗，已经是常常无米下锅了。老人叹息，妻子愁苦，小女儿饿得啼哭，生活的重担压在了华罗庚身上。他只好强支着病弱的身子到学校上班，靠干庶务员的微薄收入养家活命。

每天，他手拄拐杖，一瘸一拐地走在金坛镇的街上。街坊邻居望着他那瘦弱、病残的身形，叹息道："啊，这就是华家的孩子！年轻轻的，就变成了这个样子，往后的日子可怎么过呢？"

华罗庚听着人们的议论，心里一酸，忍不住哭了："是啊，我才19岁，漫长的人生之路该怎样走下去呢？"他想起了被汉武帝处宫刑后著《史记》的司马迁，想起了失去双腿著兵法的孙膑，渐渐地他确立了自己奋斗的志向："我要用健全的头脑，代替不健全的双腿。"

他以百折不挠的坚强毅力刻苦钻研数学，踏出了一条自学成才的道路。他说："我别无选择。学别的东西要到处跑，或者要设备条件。我选中了数学，因为它只需一支笔，一张纸——道具简单。"

华罗庚的一颗心，完全被数学占有了。在通往数学高峰的征途上，他一步一个脚印地朝前迈去，正像他拄着拐杖移动脚步一样。尽管步履艰难，但却依旧扎扎实实，一往直前。

从清华到剑桥

1930年,上海发行的《科学》杂志登载了一篇数学文章,题目是《代数的五次方程式之解法》,作者是一位大学教授,名叫苏家驹。华罗庚看过这篇论文后,产生了疑问,于是便对它作了细致的研究。他冥思苦想,反复运算,几乎忘记了周围的一切。

"你呀你,真是个呆子!"妻子进屋抱起嚎啕大哭的女儿责怪道,"孩子从床上摔下来跌成这个样子,你都不管!"

华罗庚抬头看了看,这才听到女儿的哭声。

就这样,他经过苦心探讨,终于得出了结论——苏教授错了。他将自己的研究成果写成了文章,题目是《苏家驹之代数的五次方程式解法不能成立之理由》。这篇论文于次年发表在《科学》杂志第15卷第2期上。

这一天,北京清华大学数学系主任、著名数学家熊庆来教授坐在办公室里翻阅《科学》杂志,读到了华罗庚的论文,认为作者很有数学才华。

"这个华罗庚是在哪国留学的?"熊教授向周围的人问道。

"不知道。"

"他在哪个大学任教?"

在场的人没有一个能答得出来。

"这个华罗庚到底在哪儿呢?他写的论文水平超过了大学教授。"熊庆来教授爱才如命,非要查出这个华罗庚是谁不可。

"喔,我想起来了。"一个名叫唐培经的助教对熊教授说,

熊庆来

"我弟弟有个同学叫华罗庚,他哪里教过什么大学啊!他只是个初中毕业生,听说在金坛中学当庶务员。"

熊庆来猛地一惊,盯着手中的杂志感叹道:"这个年轻人真不容易啊!应当把他请到清华来当助理员。"不久,清华给华罗庚发了封信,邀请他来这所高等学府工作、深造。

这封信到了金坛,在华家引起了波动。华罗庚早就闻知熊庆来这位数学界的名人,渴望得到良师的指导。他父亲也很高兴,却又十分为难:家中生活困难,哪有钱给华罗庚搭车去北京呢!无可奈何,华罗庚只好怀着怅惘的心情给熊教授写了封致歉信。

信投进了邮筒,华罗庚拖着沉重的脚步回到家中,他为失掉这一良好的机会万分难过。可是没过几天,熊庆来发来了第二封信,说是要亲自来金坛会见华罗庚。

熊教授的一片热忱打动了华罗庚一家。华罗庚的父亲四处奔波,凑集了路费。1931年的夏天,华罗庚身穿仅有的一件白布长衫,告别故乡和亲人,登上了北去的列车。因为清华没有人认识他,他在行前按照熊教授的嘱咐,寄去了一张照片。

受熊庆来教授的委托,唐培经手拿照片,等候在北京车站。他对照着照片,注视着出站的旅客。当他从熙熙攘攘的人群中认出华罗庚时,却又犹豫了:这人头发蓬乱,神情痴呆,还有一条残废的腿⋯⋯能是他吗?他又看了看照片,迟疑不决地上前问道:"请问,您是——"

"我叫华罗庚,从金坛来的!"

"啊!"唐培经愣了一下,才慌忙说;"熊教授让我来接你。"

"谢谢啦!"华罗庚感激地说。

华罗庚来到了清华园,被聘为数学系的助理员,管收发文件、代领文具、打字刻写等杂务。尽管他只拿40元的薪水,然而却很高兴,因为这里既有德高望重的导师,又有浩如烟海的图书。他每天只睡五六个小时,除去做好工作外,其余时间全都用在读书、听课和钻研数学问题上了。他用一年多的时间，学完了大学数学专业的全部课程，并且自修了英语和法语。他写的三篇论文，也全都在国外数学刊物上发表了。

在清华三年多的时间里，华罗庚以惊人的毅力刻苦学习和研究数学，成了国内外数学界注目的人物。

清华校园一景

这年冬季的一天，清华的教授们聚集一堂，讨论一个从未遇到的问题：一个没有大学文凭的人，可否成为清华大学的教师？能不能将华罗庚提升为助教？

有人反对说："如果把华罗庚提为助教，未免太不成体统了，有损于清华在国内外的名誉和声望。"

有人赞同说："华罗庚虽然没有大学文凭，而他的学识和成就远远超过了大学毕业生，甚至有的大学教授也望尘莫及。"

两种意见，针锋相对，争论得异常激烈。

"清华出了个华罗庚，是好事。我们不要被资格所限制！"最后，清华大学理学院院长叶企荪毫不含糊地做出了结论。

华罗庚由助理员提升为助教，以后又晋升为教授。一个初中毕业生成为大学教授，这在中国教育史上是从未有过的事。

1936 年夏，华罗庚被派往英国剑桥大学留学。剑桥是世界名牌大学，它历史悠久，人才济济，是国际数学研究的中心。按照规定，在剑桥获得博士学位至少要 3 年时间。当时，闻名世界的数学大师哈代早就知道华罗庚的才华，他在华罗庚到达剑桥之前，正赶上赴美讲学。临行时，留下一张纸条："华来请转告他，他可以在两年之内获剑桥博士学位。"由此可见，哈代对华罗庚的信任和器重。

剑桥大学

数学家哈依布勒遵照哈代的交代，转告华罗庚说："华先生，您选择哪门课程呢？我们愿意帮助您在两年之内获取博士学位。"

华罗庚愣住了：他只想到学习数学，从没考虑过学位，一时不知怎么回答才好。那时候，博士学位不仅是学术水平的标志，而且是块金字招牌，有了它，回国可以做教授，做官员，搞研究，名利双收。通常来

剑桥求学的，大都是为了谋取这一学位，借以获得锦绣前程。然而，华罗庚对博士学位却不感兴趣，因为为了取得博士学位，只能专攻一两门课程；不取博士学位，却可以同时攻读七八门课程，掌握丰富、广博的数学知识。于是，他明确地回答说："我来剑桥是为了求学问，而不是为了得学位。我只想做一个数学访问者。"

在剑桥，访问者就是旁听生的意思。

"为什么呢？"哈依布勒惊异地问道。

"这样，不是可以学到更多的东西吗？"华罗庚含笑说道。

"欢迎您！"哈依布勒为华罗庚的求实精神感动了。他握着华罗庚的手说，"我们欢迎这样的'访问者'。"

在剑桥的两年之中，他重点研究了堆垒素数论，先后就"华林问题"、"他利问题"、"哥德巴赫猜想问题"等写了18篇论文，分别发表在英、苏、印度、法、德等国的杂志上，博得了国际数学界的喝彩。他的关于"塔内问题"的论文，被誉为"华氏定理"。

对于华罗庚的成就，一位著名数学家评价说："这是剑桥的光荣！"

然而，华罗庚的心却飞向了祖国。日本帝国主义侵略中国的消息，猛烈地触动了他。华罗庚断然放弃了去苏联科学院数学研究所工作的机会，怀着一腔热血，迅速地返回到日夜思念的祖国。

为了国家民族，坚持不懈研究数学

1937年，昆明郊区的一个小村庄里，有座简陋、破败的阁楼。小阁楼仅靠几根柱子撑着，楼下是个牲口圈。牛、猪、马挤在一起，一天到晚"吱哇"乱叫；有时牲口擦痒痒，擦得小阁楼晃晃荡荡，摇摇欲坠。

阁楼里，华罗庚正埋头写他的数学名著《堆垒素数论》。当时，由于蒋介石采取投降主义政策，日本侵略者侵占了我国大片领土。清华大学、北京大学和南开大学，在北京、天津呆不下去，迁到云南昆明，成

立了西南联合大学。华罗庚回国后,经熊庆来推荐,在西南联大数学系任教授。他一家七口挤在阁楼的两间小房里,生活相当艰难。另外,每

南开大学

天都有敌机轰炸,还时时听到反动派枪杀革命志士和青年学生的枪声。面对这种残酷的、黑暗的现实,华罗庚写下了愤怒的诗句:

寄旅昆明日,
金瓯半缺时,
狐虎满街走,
鹰鹞扑地飞。

随着一阵沉重的脚步声,小阁楼晃动得更厉害了。妻子吴筱元身背米袋,手拎菜篮,踏着楼梯走了上来。她刚往返十几里,从菜市上回来。

"钱都用光了,才买到这么点东西。"妻子长吁一声,冲着华罗

庚说。

"唔。"华罗庚应了一声,连头也没抬。

"这点粮食,连月底都吃不到。"

"唔……"华罗庚照样写着。

妻子走近书桌说:"别人都去中学代课了,你也想想法子,找点出路吧!"

"不,"华罗庚应付了一句,"我没时间啊!"

"唉!"吴筱元望着丈夫日益消瘦的面孔,背转身去,偷偷擦去涌满眼眶的泪水。她实在是为难:联大教员的薪水很低,物价又天天飞涨,丈夫从英国带回来的一台打字机,还有自行车全忍痛卖掉了,往后的日子该怎么过呢?

华罗庚每天拖着病腿进城上课,晚上就着小油灯写书,桌上、地上、床上,铺满了稿纸。他深知妻子为生活操劳的难处,对她说:"我刚学数学时,全家节衣缩食;现在当教授,搞研究,全家还得节衣缩食。衣裳可以穿旧的,肉味可以不闻,数学却不可抛弃。"

4年时间过去了。就在这种艰苦的环境中,华罗庚先后写了20多篇论文,1941年终于完成了被国内外数学家视为经典的《堆垒素数论》。

在民族危亡、豺狼横行的痛苦岁月里,共同的爱国热忱,把他和民主战士闻一多教授紧紧地连在一起。闻一多教授得

闻一多

知他家住的阁楼快要倒塌，便把自己的房间用布单隔开，分出一半给他住。

昆明的局势越来越紧张，反动当局加紧了对革命志士的疯狂镇压。一天晚上，有个来历不明的人闯进了他们家。

"请问，你是华罗庚教授吧？"来人斜着眼四处瞅着，冷言问道。

"是的，有什么事吗？"华罗庚反问道。

"华先生，你知道你女儿华顺的事吗？"

"知道。"女儿华顺已经参加了反内战的斗争行列，华罗庚作为父亲不但清楚，而且支持女儿的行动。

"你要劝阻她！"来人威胁道，"不然的话，对她，对你，都很不利啊！"

"哼！"华罗庚怒目注视着对方，轻蔑地说，你们要抓我的孩子，先把我抓起来吧！"

那人在华罗庚的逼视下，灰溜溜地走掉了。

1946年，震惊中外的谋杀闻一多、李公朴两教授的惨案发生了。烈士的鲜血、友人的死难，猛烈地震撼着华罗庚的心灵，他悲恸欲绝，义愤填膺。他激动地说："数学有什么用？我恨不能也去搞政治，跟他们拼一拼！"

就在这时候，他的一位好友，党的地下工作者王士凤劝阻了他："黑暗不会太长了，搞你的数学吧，将来会有用的。"

这年秋天，华罗庚从昆明到达上海，准备乘船前往美国普林斯顿大学讲学。一天，上海《东南日报》记者赵浩生访问了他。

"华先生此行何时才能回来？"记者问。

华罗庚充满信心地说："未来的中国是需要科学的！"

华罗庚远渡重洋到了美国，先后担任过普林斯顿大学客座讲师和伊利诺大学教授等职务。后来，除大女儿华顺留在国内，爱人吴筱元带着几个小的孩子也到了美国。在美国，虽然生活舒适，但华罗庚的心始终

牵连着祖国，渴望着祖国的新生。

普林斯顿大学一景

1949年末的一天，华罗庚手捧着一封信激动不已。他急切地读过后，走出书房对妻子喊道："筱元，快把酒拿出来！"

"干么慌着拿酒啊？"吴筱元惊奇地问。

"今天吃饭要喝酒！"

"什么事，看把你高兴的？"

华罗庚将信递给爱人说："祖国解放了，新中国成立了！华顺来信，叫我们快回去！"

吴筱元看过信，兴高采烈地走进厨房，专门做了一盘油炸荷包蛋，在饭桌上破例地打开了一瓶放了好久的白兰地。

这时，华罗庚已是美国伊利诺大学的终身教授，住的是洋房，出入有小轿车，还配备有助手、打字员，条件相当优越。可是，这些怎么能拴住他那颗炽热的爱国心呢？

1950年2月的一天，华罗庚全家登上了一艘驶往祖国的邮船。经过七天七夜的航行，眼前出现了祖国海岸的轮廓。

身残志坚，报效祖国

华罗庚教授从大洋彼岸的美国回归祖国之时，他才只有39岁，却已是驰誉国际的数学家了。他在不惜高价优待"科学大脑"的美国大学任终身教授。有一座舒适的洋房，铮亮的"顺风"牌小轿车似乎在告诉人们，他和他的全家一切都是顺风如意的。可是当新中国诞生的消息传来，他毅然抛弃了这一切，冒着风险回到了祖国。归途中，他发表了"一字一句都是由衷心吐出来的"《致中国全体留美学生的公开信》："朋友们：道别，我先诸位而回去了。……为了抉择真理，我们应当回去；为了国家民族，我们应当回去；为了为人民服务，我们也应当回去……"

1950年3月27日，新华社向全球播发了"闻名全世界的我国数学家华罗庚教授，已于本月16日自美国返抵首都北京"的消息。这是多么令人振奋的喜讯啊！

经历了20余年的坎坷历程，华罗庚又来到了清华，担任了数学系主任，肩负起培养数学人才的任务。不久，又被任命为中国科学院数学研究所所长。

1954年12月，第二次全国政协会议召开了。会议期间，举办了一场文艺演出。中南海怀仁堂里坐满了观众。灯光渐渐暗了下来，幕布徐徐拉开。华罗庚因事刚刚入场，手拿着请柬寻找座位。

突然，一个亲切的声音招呼道："这里来坐，华罗庚！"

"好，好。"他应着走过去，在那人身边空席上坐了下来。他抬头刚要向那人表示谢意，猛地愣住了，原来身边坐着毛泽东同志。

毛主席一边看戏，一边同他亲切交谈，语重心长地对他说："你也是穷苦人家出来的，你要为我们国家多培养出一些学生来。"

世界数学之都——普林斯顿大学

领袖的亲切教导和热诚期望,给了华罗庚巨大的鼓舞力量。几十年来,他为培养人才,发展数学科学呕心沥血、不知疲倦地工作着,显示了一个人民科学家的本色。

在清华大学数学系,他一丝不苟地给学生讲课,和同学生们一起讨论问题,一起攻克难关。他不仅熟悉学生的学习情况,而且掌握了他们的个性,因而做到了因材施教。一次,他来到教室里,对一位勤奋好学的学生说:"你在典型群问题上要多下功夫啊!"

"我试试看,华老师。"学生平时不声不响,听了老师的嘱咐,连忙答应道。

华罗庚盯着学生,严厉地说:"不是试试看,半年之内一定要拿出一篇我能通过的论文。"

两个月后,这个学生带着自己无法解决的一堆问题来见老师。华罗庚审阅过后,对学生提出了批评:"这不是墙!你不应该让它挡住,自己回去想想。"

又过了两个月,这个学生通过独立思考,攻克了原有的难点,可又碰到了新的难关。这一天,正当这个学生双手抱头、两眼愣愣地瞅着演算纸犯难的时候,华罗庚走来了。他打量着学生,含笑说:"撞墙了吧?"

学生抬头望着老师亲切的面容,把自己遇到的困难全都

赤子之心

中年时期的华罗庚

173

说了出来。

华罗庚知道这个学生确实下了一番苦功夫,高兴地坐了下来:"是呀,这是一堵墙。不怪你,名家也没有很好地解决这个难题。"他详细地讲述了他的见解,指出了解题的要领,临走时还留给学生两本参考书。就这样,这个学生在华罗庚的严格要求和循循诱导下,终于推倒了科学研究中的堵堵高墙,同老师合作,写出了关于典型群问题的论文。

华罗庚不但对学生要求严格,而且鼓励学生超过自己,乐于让青年一代站在他的肩膀上,更快地向科学高峰攀登。一次,华罗庚给数学研究所的青年研究人员上课,当他在黑板上列出算式后,当时还是实习研究员的王元从座位上站起来,指着黑板说:"老师,您的行列式错了!"

课堂里鸦雀无声,大家都替王元捏着一把汗:一个实习研究员,怎么能当众指责赫赫有名的大教授呢?

华罗庚走近黑板,仔细地检验了他的算式,转过身来,双目透露出兴奋的光彩,高兴地宣布道:"我错了!应该按照王元的意见改造这个行列式!"

华罗庚教授谦虚、求实的精神,给青年数学工作者留下了极为深刻的印象。1956年,在北京召开的全国性的第一次数学讨论会上,华罗庚当众宣布了一个震动全场的消息:厦门大学一个名叫陈景润的青年图书管理员,对他的举世闻名的《堆垒素数论》提出了批评。面对青年人的挑战,他喜出望外,兴奋地连声称赞着:"太好了,太好了!"根据他的推荐,

陈景润

陈景润被调到数学研究所工作。

在华罗庚的带领下，我国的数学研究获得了光辉的成果，走向了世界的前列，连外国人也不得不赞叹道："华罗庚有一组学生，对数论研究做过特别的工作；在分析数论中，他们达到了最高成就。"

华罗庚教授以火焰般的热情，致力于新中国数学的拓荒和奠基工作，几乎每5年就能带出一支队伍来，走到世界水平的前沿。20世纪60年代初，他又创造性地让数学从书斋里走出来，为国民经济服务。他亲临26个省、市、自治区，行程逾20万里，历20余载春秋寒暑，推广"优选法"和"统筹法"。

1985年8月28日的《光明日报》曾记叙了他当年的情景：

"大三线工程往往摆列于丛山峻岭之中，斗折蛇行的临时公路傍峭壁、临深渊，行车如闯鬼门关，他的眼没眨一眨。住帐篷，睡铺板，深山野岙时不时传来狼嗥虎啸，他安之若素。山里没有水洗澡，更没有水洗衣服，衣服上生虱子，他把衣服脱下用力抖一抖，继续穿。大便时他的腿蹲不下去（19岁因患伤寒致残，走路时左腿先画一个圈，右腿才能直着迈出一步，他自嘲为'圆规直线'），他就选择山的斜坡上，自己半屈着，而让别人牢牢地抓住他的两只手，他也挺过来了。"

"他年岁渐高，血压渐高，除足疾，又患心脏病，医生嘱咐每日只能工作小半天。但他工作起来总是争分夺秒，忘了医嘱。在两淮矿区，他直登40多米高的井塔塔顶，在穿梭式的巡回讲学中，他经常是带了氧气袋上台为群众讲授'双法'，有时讲着讲着身体支撑不住了，就站在台上输氧气，乃至多次造成心肌梗塞。"

几十年来，华罗庚一直兢兢业业地工作着，被人称做"人民的数学家"。然而，在横扫一切的"文化大革命"中，他也未能幸免劫难。他是第一名被贴大字报的科学家，大字报加起来共有68页。他的家被抄，手稿被盗，亲属被迫害致死。1969年2月3日晚，他的恩师熊庆来含冤离开人间，他不顾当时自己还是一个"资产阶级反动大学阀"，赶赴八宝山停尸间，掀开一具具尸体的盖布，才见了恩师一面。熊庆来是他动员回国的，他内疚不已，痛哭失声……

八宝山

他培养、影响、教育了中国好几代数学家，他从不评价他们。惟对人说："我的学生的工作中，最使我感动的是（1+2）（为陈景润所证明）。"陈景润得病时，他非常痛惜，"总不能让陈景润得无法工作的病呀！"

文化大革命的时期，江青使出恶毒的一招，逼迫陈景润揭发"华罗庚盗窃了他的成果"。陈景润愤然不肯就范，批斗会上由厕所溜掉，遂被关押，绝望之极从楼上跳了下去……

江青

"我欲高飞云满天，我欲远走水溢川"，华罗庚教授早年写下的诗句，恰好道出了当时的危艰。就是在地球的那一面，对此也有所感受。英国的一位女学者曾问他："华教授，您不为自己回国感到后悔吗？"他的回答坚定而出人意料："不，我回到自己的祖国一点也不后悔！"

1979年3月25日，他在出国讲学前第4次向党提出了入党申请。6月13日，从3万里外传来佳音，他被接收为中国共产党党员。了却50年的心愿，他激动得彻夜难眠，遥对祖国，命笔抒怀。

这时的华罗庚已"老病对黄昏"，心颤、眼花、手抖、拐杖已不能助行，只好换了一辆大轮椅。几十年来，他给予人们认识自然界的东西，毕竟超过了自然界赋予他的东西。有生之年已屈指可数，他开始倒计时了，他要竭尽余生，为祖国再做点事。

1983年初的一个下午，新华社记者敲开了又一次从心肌梗塞中逃生的华罗庚的家门。房间是杂乱的。大小不等、五颜六色的药瓶堆放在一张桌子上；坐椅旁、茶几上，到处是报刊和手稿；一支没有拧上笔帽的自来水笔躺在他面前的稿纸上……华罗庚在坚持工作。茶几上有一份《数学方法与国民经济·前言》，这是他在医院里写成的。《前言》里写道："事急矣！经济建设迫切地需要数学方法。从60年代开始，我已初具规模地写下了一系列手稿，在十年浩劫中，'一拿，二抄，三偷窃'，所余无几，重要部分更是荡然无存（这正是呕心沥血之所在）。原拟耐心等待，深信有爱国心的同志们一定会通过各种方式来归还给我的，但事隔10个年头了，竟如泥牛入海无消息。对回忆与重写不敢轻易从事，诚恐'出师未捷身先死'，有时不我待之叹。但总算基本上补了一些出来了……"

1985年4月27日，一位香港记者在人大会上采访华老时问："你的最大希望是什么？"他从容答道："我的最大希望是工作到我生命的最后一天！"谁料，仅仅隔了一个半月，最后的一天悄然而至。

那是在6月12日下午4时，他来到东京大学数理学部讲演厅，向日本数学界发表讲演。他开始是用中文讲，由翻译译成日语，后改用英语讲，不用翻译。他越讲情绪越高，脱掉了西服外套，接着把领带也解

东京大学

开了。虽准备了轮椅，他却一直站着讲。5时许，他向主席说："讲话的时间已过，我还可以延长几分钟吗？"全场热烈鼓掌。5时15分，讲演宣告结束，日本女数学家白鸟富美子在如潮的掌声中手捧鲜花从台下走上讲坛，华老就在将要接花的那一刹间，心脏病突发，身子猛地向后一仰……

华罗庚教授犹如一棵倒下的伟岸大树，那撕根剥土的猝痛使整个地球都为之颤栗！

6月21日，华罗庚的骨灰安放仪式在北京八宝山革命公墓举行。陈丕显在悼词中说："华罗庚同志是中国科学界的骄傲，是中华民族的骄傲。华罗庚同志的逝世是我国学术界和全国人民的一个重大损失。"挂在公墓礼堂外树丛上的一首挽诗写道："将军死在战场，学者死在书房，可敬的您耗尽一腔心血，光荣地死在科学讲坛上。"陈景润抱病坐在轮椅上也来了，他流着眼泪不住地说："太难过了，太难过了……"

每逢清明，白鸟富美子都专程从东京飞到北京，在华罗庚的骨灰盒

旁献上一束鲜花，那是华罗庚未来得及接过的鲜花，根部用棉花包着，

八宝山革命公墓

棉花用清水浸润，为的是使鲜花永不凋谢。前来献花的还有世界各国的专家学者，华罗庚和生前一样依然被鲜花簇拥着。

与陈景润的师生情

1985年6月12日，华罗庚在访日期间心脏病复发，在东京大学的讲坛上猝然倒地，结束了他为祖国数学事业贡献不止的一生。消息传来，举国悲哀，抱病的陈景润更是万分悲痛，泣不成声，他嘴里不停地念叨："华老走了，支持我、爱护我的恩师走了。"

1985年6月21日，在八宝山革命公墓举行了华罗庚骨灰安放仪式。此时，陈景润已是久病缠身，既不能自主行走又不能站立。数学所的领

走进科学的殿堂

导和同事们都劝陈景润不要去了,但陈景润说:"华老如同我的父母,恩重如山,我一定要去见老师最后一面。"在他的坚持下,家人帮他穿衣、穿袜、穿鞋,由别人把他背下楼去的。到了八宝山,大家建议他先坐在车里,等仪式结束以后再扶他到华罗庚的遗像骨灰盒前鞠躬致敬,但陈景润坚持要和大家一样站在礼堂里。因参加仪式的人太多,又怕他摔倒,只好由三个人一左一右驾着胳臂,后边一个人支撑着。就是这样,陈景润一直坚持到华罗庚骨灰安放仪式结束。追悼会开了整整40分钟,他就硬撑着站了40分钟,40分钟里他一直在哭,一直在流泪。

1995年6月12日,华罗庚铜像揭幕仪式在中国科学院数学研究所大楼前举行。正在中关村医院住院治病的陈景润抱着久病的身躯,坐着轮椅坚持出席。当瘦小苍白的陈景润被推进会场时,人们自动为他让出了一条通道,在场的领导同志和数学界的同行们无不为之动容。仪式结

华罗庚铜像

世界数学之都——普林斯顿大学

束之后,潘承洞走上前向他问好,他仍像往常一样,反复不停地说着:"你好,谢谢,老潘………"谁也没想到,华罗庚铜像揭幕9个多月之后,陈景润也匆匆离去。

华罗庚对陈景润有知遇之恩,陈景润视华罗庚更是"一日为师,终生为父"。师生之间的隆情厚谊在数学界传为美谈。

1956年,厦门大学李文清请数学所关肇直转交华罗庚一份稿件。华罗庚接到了这个和自己相似的、饱经苦难、经历沧桑的青年的来稿,看后十分惊喜地称赞这个青年,肯动脑筋,思考问题深刻。这个青年人就是后来和华罗庚一样家喻户晓的陈景润。

回忆在中科院工作的日子,陈景润如是说:我从一个学校图书资料室的狭小天地走出来,突然置身于全国名家高手云集的专门研究机构,眼界大开,如鱼得水。在数学所党委的直接领导下,在华罗庚教授的亲切指导和帮助下,我在这里充分领略了当时世界上最先进的数论研究成果,使我耳目一新。当时数学所多次举行数论讨论,经过一番苦战,我先后写出了华林问题、圆内整点问题等多篇论文。这些成果也凝结着华老的心血,他为我操了不少心,并亲自为我修改论文。我每前进一步都是同华老的帮助和指导分不开的。正是华老的教导和熏陶,激励我逐步地走到解析数论前沿的。他是培养我成长的恩师。

正当陈景润利用数学所的有利条件埋头工作时,1958年,全国科教系统开展了所谓的"拔白旗"政治运动,在全所大会上华罗庚、张宗燧等人被指斥为"大白旗"。批判的矛头集中到华罗庚的所谓的资产阶级学术思想。陈景润也因此受到牵连。华罗庚除了给予陈景润学术上的指导和帮助之外,还教会了他的学生如何对待困难和挫折,如何选择人生的道路。

"文革"时期,"四人帮"曾派迟群找陈景润搜集华罗庚的黑材料,让陈景润站出来揭发华罗庚"盗窃他的成果"。其证据是,1957年,华罗庚的《堆垒素数论》再版时,吸收了陈景润的成果。但是华罗庚在

赤子之心

走进科学的殿堂

《堆垒素数论》的再版序言中已经写到,"作者趁此机会向越民义、王元、吴方、魏道政、陈景润诸同志表示谢意,他们或指出错误或给以帮助,不是他们的协同工作,再版是不会这样快就问世的。"

陈景润婉言拒绝了迟群。他单独找到华老的学生陈德泉,据实对他讲:"迟群要我揭发所谓的华老师盗窃我的成果的问题,怎么办?"这是一个棘手的问题,陈德泉一下又摸不清陈景润的意图,他试探着问陈景润:"华老师到底有没有盗窃你的成果?"陈景润果断地回答:"没有。"陈德泉暗暗舒了一口气:"那你就据实说吗,反正实事求是嘛。"

陈景润或许讲不出过高的政治理论,他也不会用华丽的词藻表达自己对老师、对祖国的爱,但是他的良告诉他,搞科研没有错,尊敬老师没有错。他认定决不做对不起党和人民的事,决不做恩将仇报的事。当有人再次来让他揭发华老师的剽窃罪状时,他断然拒绝了。来人威胁他:"我们已经掌握了人证物证。"陈景润坚决地说:"既然你们掌握了证据,还要我揭发什么!"正是凭借自己的良知和善心,陈景润保护了自己的老师,维护了党和国家的利益。

后来,华罗庚和陈德泉外出,路过陈景润住的医院,陈德泉建议去看望一下陈景润。由于避嫌,华罗庚没有下车,他委托陈德泉问候陈景润。陈德泉回来后,转达陈景润的话说:"华先生永远是老师,迟群说的完全没有那回事。"

20世纪70年代末到80年代初,陈景润两次出国访问、讲学。出于对老师的尊敬,每次出访之前他都要到华老家道别、请教。华罗庚曾当面对陈景润和陪同他前来的李尚杰说:"景润的工作是建国以来,我们在数学领域最好的成果。"陈景润则谦虚地说:"谢谢华老师,您过奖了,都是华老的栽培,我才有今天的成绩。"坐在一边的华师母忍不住插话说:"景润是够用功的,刚才你没回来,等你的几分钟,他还拿出书来看呢。"华罗庚赞许地看着学生,满意地点了点头。

华罗庚对自己的得意弟子也是关爱有加的。1984年当得知陈景润患帕金森氏综合症时，华罗庚十分激动与难过，他说："总不能让陈景润得这种无法工作下去的病呀！"

华罗庚1985年出访日本前，曾亲自到中日友好医院去探视正在住院治疗的弟子陈景润，并对他说："王国湘主任（中日友好医院神经科）检查我也可能患有帕金森氏症，等我回国后，咱们都在这儿住院。"谁知，这一面竟成了陈景润与老师华罗庚的最后诀别。

陈景润对他的恩师的评价是很高的。1973年，他在接受新华社记者采访时，他称赞他的导师华罗庚是一位了不起的数学家，希望他在数论研究方面取得更丰硕的成果，认为他在应用数学方面花了太多功夫有点可惜。

华罗庚很少评价他的学生，何况他有那么多的学生，评价不当容易引起误会。他最多只是在个别谈话时偶尔讲几句。华罗庚曾单独对王元说过："我的学生的工作中，最使我感动的是（1+2）。"当王元提起他学生的一些其他纯粹数学结果时，他仍然重复一遍："最使我感动的是（1+2）"。

华罗庚的两则妙对

1953年，科学院组织出国考察团，由著名科学家钱三强任团长，团员有华罗庚、赵九章等十多人。途中闲暇无事，少不得谈古论今，纵论科学史上的是非得失。这时，著名科学家华罗庚即景生情，提出上联一则：

三强韩赵魏。

这里的"三强"，说的是战国时期韩、赵、魏三个强国，却又隐喻着代表团团长钱三强的名字，这就不仅要解决数字联的传统困难，而且要求在下联中嵌入另一位物理学家或科学家的名字。华罗庚上联一出，在座诸人都大费踌躇，不知所对。隔了一阵，只见华罗庚不慌不忙，续出下联：

钱三强

九章勾股弦。

这就使满座为之绝倒！《九章》是首次记载我国数学家所发现的勾股定理的名著，而且，这里的"九章"又恰好是代表团另一位成员、大气物理学家赵九章的名字。这样，华老这则妙对，又开辟了数字联新的对例了。

另一则妙对：

1981年4月，华罗庚教授到合肥讲学，住在稻香楼宾馆。一天，新雨初霁，日丽风和。华罗庚兴致勃勃，在客厅里踱步，遇见宾馆女服务员小倪迎面走来，华罗庚诗兴大作，脱口说了一句：

妙人兑倪家少女。

这是拆字对，"少女"既联结为"妙"，"人兑（简体为'儿'）"合起来为"倪"。上联提的是小倪，下联则应对人一个在场的人名方妥。正好科技大学派来照料华罗庚的张医生站在小倪身旁，只见华罗庚慧目一转，笑着说出了下联：

搞长弓张府高才。

这则妙联信手拈来，对得轻松洒脱，颇有雅俗共赏之趣，引得在场的人情不自禁地大笑了起来。

第六位获诺贝尔奖的华裔科学家

1998年10月13日早晨8时，崔琦和往常一样打开收音机，新闻中播出了一条与他有关的报道：他获得了本年度诺贝尔物理学奖。此时此刻，他没有欣喜若狂，而是平静如常。他仍按原先的计划安排日程，有条不紊地进行工作，甚至没有立刻将这一喜讯告诉妻子和女儿。对于这一殊荣，他平平静静地说："你不能把这回事太当真。"东方式的谦逊和一颗平常心，给所有的人都留下了深刻的印象。

离别故乡赴港读书

在旧中国，人们为生活而四处流浪，那时的农村，到处是一片荒凉，饥荒遍野。崔琦的家乡是一个贫穷的地方，土地贫瘠，平均每人只有半亩地。再加上水旱灾害和战争，人们几乎到了无法生活的境地。崔琦从小就知道生活的艰难。

20世纪40年代末，崔琦的三个姐姐迁居香港，两年后，一位姐姐带崔琦到香港读书，那年崔琦12岁。为崔琦上学的事家里发生了争执，崔琦的母亲是一位极有见识的农村妇女，自己虽然不识字，但深知读书的重要性，为了让儿子摆脱眼前的贫困，她执意要儿子念书。崔琦的父亲考虑得比较实际，儿子已经长大了，再过几年就可以当一个壮劳动力，成为家里的一个顶梁柱了。崔琦自己也拿不定主意，他不了解外面的世界，更不知道离开家会发生什么事情，是母亲的坚持决定了崔琦一生命运。

离别前的几个晚上，崔琦的母亲在昏暗的油灯下赶制着袜子。心中的牵挂透露出一丝担心。在家千日好，出门一时难！那厚厚的袜底是千针万线纳成的，每一针都寄托着母亲的希望。望着熟睡的儿子，千思万绪涌上心头：几天以后儿子就要走了，在那遥远的地方，为娘的再也不能照顾你了，是祸是福就靠自己担着啦。临行时，母亲亲手把连夜用土布缝制的几双鞋袜、几件换洗的内衣放进包袱里，帮儿子背上肩。虽然她的心里明白，这一去不知何年才能相见，但她仍然很平静，轻轻的抚摸着儿子的头，安慰说："别怕，你放心去读书，到夏天收庄稼的时候，你就可以回家看娘了，然后再去念书"。

崔琦依依不舍地告别爹娘，告别故乡，以为很快就会再回到故乡看望爹娘。谁料这一去，竟成永别。崔琦他再也没有回过故乡，也没有见过爹娘。这成为他心中的一大憾事。

依靠奖学金上学

初到香港，崔琦就读于荃湾小学，小学毕业后，先是进入知行中学学习，知行中学关闭后，又考入培正中学。

崔琦就读培正中学时，它还是一所私立中学，学校虽好，但学费昂贵。崔琦家境贫寒，难以承受。解决学费问题成了头等大事，他知道只有一条道路可走，就是靠自己的能力。全年级160多位同学，他的学习成绩总是名列前茅，每年都能获得奖学金。再加上崔琦为人谦恭，尊敬师长，很得老师的喜欢，每年都给予他"家境清贫，学费减免"的评语。崔琦就是依靠自己的努力争取到学校的支持才读完中学的。

崔琦勤奋、憨厚，不仅学习好，还乐意帮助同学解决学习上的疑难问题。而同班同学也很同情这位来自内地的同学，不断提供支援。这些

帮助对于初来乍到的崔琦来说，是莫大的鼓励，令他终生难忘。每当回忆香港求学的情景，崔琦总是无限感慨地说："幸好得到同学的无私帮助，所以，我的香港朋友比美国朋友多。"

培正中学使用的是双语教学，课本用中文，授课用英文，这使得崔琦受益非浅。他认为华人学习科学应该中英文交错使用，才可兼容并蓄，收到真正学习之效，只懂得中文会令科学研究时无法跟踪最新的科研成果，而完全放弃中文却是舍本逐末。

现在崔琦感慨地说："回想当年在香港读书，学费那么昂贵，是我贫寒的家庭无法承受的，如果不是我自己争取及学校支持，恐怕也没有我的今天。"所以他告诫现在的年青人，要好好珍惜现在拥有的，为自己、为明天而奋斗。

辛勤的耕耘之后是收获

1958年，19岁的崔琦为了自己的梦想到了美国，他要在美国创造出一片天地，他先在美国伊利诺斯州的奥古斯塔纳学院就读。大学结业后进入芝加哥大学深造，1967年获芝加哥大学物理学博士学位。

1968年，崔琦被美国贝尔实验室录取从事研究工作。这座世界著名的实验室看中了崔琦出色的学习成绩和科研能力。在那里他又跟随罗威尔教授一起工作。罗威尔教授善于抓事物的本质，并巧妙的把物理实验变成趣味无穷的探索过程。这一切都令崔琦感到，做物理实验乃是人生最快活的事情。时至今日，崔琦仍然视做物理实验为娱乐、游戏，能随心所欲设计新模型，制造出一个个用钱都买不到的新产品，那种满足感真是难以形容。1982年，也就是发现分数量子霍尔效应后不久，崔琦就决定离开贝尔实验室，前往美国现代物理学的重镇——普林斯顿，理由是"做实验又有何难？作研究报告才烦人呢"！至今崔琦一直在普

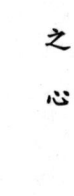

林斯顿大学任电子工程系教授,主要从事电子材料基本性质等领域的研究。

普林斯顿大学一景

崔琦不仅是一名执著的学者,而且也是一位令人钦佩的老师。在治学态度上,崔琦经常向他的学生强调"只管耕耘,不问收获"。世上没有只管种地而不管收成的农民;但是在科学研究中,失败是经常发生的事情,一个人经不起失败,他就不具备从事科学研究的基本品质。很多科学家都是辛辛苦苦为别人铺路。崔琦在走上科学研究道路时,早就做好了思想准备,把成功和荣誉置之度外。